明史不忍细看

张朝山 著

台海出版社

图书在版编目（CIP）数据

明史不忍细看／张朝山著. －－北京：台海出版社，
2018.3 （2020.6重印）

ISBN 978 － 7 － 5168 － 1758 － 2

Ⅰ．①明… Ⅱ．①张… Ⅲ．①中国历史－明代－通俗
读物 Ⅳ．①K248.09

中国版本图书馆 CIP 数据核字 （2018） 第 013525 号

明史不忍细看

著　　者：张朝山

责任编辑：姚红梅
装帧设计：异一设计

出版发行：台海出版社
地　　址：北京市东城区景山东街 20 号　　　邮政编码：100009
电　　话：010 － 64041652 （发行，邮购）
传　　真：010 － 84045799 （总编室）
网　　址：www. taimeng. org. cn/thcbs/default. htm
E － mail：thcbs@ 126. com

经　　销：全国各地新华书店
印　　刷：河北鹏润印刷有限公司
本书如有破损、缺页、装订错误，请与本社联系调换

开　　本：710mm × 1000mm　　　1/16
字　　数：190 千字　　　　　　印　　张：15
版　　次：2018 年 3 月第 1 版　　印　　次：2020 年 6 月第 2 次印刷
书　　号：ISBN 978 － 7 － 5168 － 1758 － 2

定　　价：42.00 元

前　言

中国历史上有两个出了名的荒唐皇帝，一个是"何不食肉糜"的晋惠帝；另一个则是明武宗朱厚照：他看到宫廷房子着火，不急着救火，而是站在一边感慨地说："好一棚漂亮的烟火！"明武宗是皇帝，挥霍得起金银珠宝、雕梁画栋，但江山社稷也能如此挥霍吗？

就在中华大地不时上演宫廷闹剧和政变丑闻的时候，地球的另一边，大国崛起的故事已经开演：文艺复兴、航海大发现、资本积累。这厢是风雨飘摇的末日帝国，那里却是欣欣向荣的升腾景象。为何这样一个泱泱大国不再前行，徘徊在中世纪的轮回中呢？这也许是中国历史上的斯芬克斯之谜，答案似乎就在眼前，仔细想想又好像不对。要解开如此难题，还应从更为细节的谜题开始。

翻开明朝276年的历史，特别是明朝宫廷史，里面充满了权与血的斗争场面：权力是各类悬案的终极谜底，鲜血则是权力斗争的必然结果。"争名利，何年是彻？看密匝匝蚁排兵，乱纷纷蜂酿蜜，闹攘攘蝇争血。"（马致远《双调·夜行船》）明初的政治屠杀到明末宫廷暗战，在权与血的官场政治中，仁义道德不是臧否人物的标准，也由此，晚明世林风气彻底走向堕落，甚至出现太学生（相当于现在社科院的研究生）为了巴结炙手可热的魏忠贤，上书建议将魏忠贤与孔夫子并列！这是真正善良的人们无法想象的咄咄怪事。罗马不是一天建成的，晚明也不是一下子堕落的。

太祖的文字狱、建文的仁柔、朱棣的篡逆、宣宗的特殊爱好、英宗的依赖心理、景帝的贪权、孝宗的畸恋、武宗的荒唐、万历的贪蠹、光宗的愚蠢、熹宗的颟顸和思宗的独断将明帝国一步步送上灭亡的道路，也给中华民族带来无数的后遗症。这些帝王性格上的缺陷是每个普通人都可能有的，如果不是权力，不是压倒一切的专制集权，恐怕不会将其性格上的弱点推到极致。张士诚、况钟、于谦、张居正、严嵩和魏忠贤是另外一类历史谜题，通过他们，我们能够大致了解帝国政界的运行方式：除个别例外，明帝国的官场是一个劣币驱逐良币的过程。

读史使人明智，确实，通过了解过去的历史、体会历史人物的悲喜，我们可以最大程度上学会做人处事的道理，更重要的是能够丰富自己的人生阅历，增加个体生命的厚度。明史迷雾重重，等待着有心人不断去挖掘、重构。本书所选悬案尽量涵盖明朝整个历史阶段，其中主要以明帝国高层政治斗争为主要内容，涉及皇帝、后宫、重臣、宠臣、直臣各色人等，谈论了24件影响深远的悬案，力图为您提供一个了解明朝历史的基本线索。

往事往矣，明王朝以及明王朝的一切都已化作云烟，一切爱恨情仇都已散场，留给人们的除了饭后夸耀渊博的谈资，还应有对自身、对周遭的思考。很多时候，那些人们以为已是往日陈事的东西会在某日改头换面卷土重来。法国年鉴学派大师布洛赫说："人们拥有无穷的想象力，却又善于遗忘。"了解了过去的悬案，也会帮我们认识眼前的种种。

愿您开卷有益。

编　者

目 录

开国皇帝的苦出身：

洪武朝文字狱之谜

明朝，民间曾流传着一种说法。传说洪武皇帝朱元璋是天上的娄宿下凡，自朱元璋出生到去世这段时间内，天上的娄宿一直没有光亮。那时民间还有用质量不高的洪武钱为小孩避邪的习俗。现存的"洪武钱"，背面放牛娃头戴斗笠，骑在牛背上吹笛子，牛悠然地拖着尾巴，栩栩如生，非常有趣；而正面铸字为"洪武通宝"。此类古钱，均不计重、计值，也不记铸地，属于花钱。当年铸这种钱的人，被认为是揭了朱元璋当过放牛娃和行脚僧的老底，犯了上，因龙颜大怒而被杀，实是钱币史上少有的一件惨案。

　　朱元璋为什么那么避讳自己曾经做过僧人这件事？其中原因除了朱元璋的个性之外，大概也与传统社会认为僧人、乞丐脱离主流社会价值体系，是危险和陌生的符号有很大的关系。晚明的剧作家李玉在他的戏剧中，直截了当地把佛门称为"藏污纳垢"的所在。这种观念不仅仅晚明才有，只是在那时已发展到了高峰而已。

　　拨开历史的云雾，让我们走近朱元璋的成长之路。朱元璋小名重八，生在凤阳县孤庄村，父亲朱五四是个老实巴交的农民，家里地少人多，日子过得紧巴巴。元顺帝至正四年（1344），淮河流域遭受严重的旱灾、蝗灾和瘟疫。别说朱大叔这样的普通人家，就连很多大户人家也逃到外地去谋生了。这一年里，朱家老爹、大儿子重四、女主人陈二娘接连死去。小儿子重八眼睁睁看着亲人一个个死去，一点办法也没有。手头没有一贯钞、一钱银子，没钱请大夫治病抓药，也没钱买棺木装殓。重八和二哥求来一片坟地，一面哭一面抬着尸首准备安葬。忽然间风雨交加，电闪雷鸣，天一下子暗了下来，小兄弟两个顾不了许多，放下尸体，跑到树下，害怕得发抖。约莫一顿饭的工夫，雨过天晴，两兄弟走到刚才停放尸体的地方一看，不禁大吃一惊：尸首不见了。原来山坡土松，一阵山洪把坡上的土冲下来，恰好掩埋了尸首。35 年后，朱元璋的皇陵碑写道："殡无棺椁，被体恶裳，浮掩三尺，奠何肴浆！"

家里穷得实在过不下去，亲戚家的日子也都过得紧巴巴，天大地大，重八竟无投奔之处。寡嫂带着孩子回了娘家，儿时的玩伴、后来成为得力助手的周德兴、汤和都外出谋生去了，家里只剩自己和二哥俩人。在家乡闲混半年，邻居汪大娘提起当年重八父亲在皇觉寺许愿将重八许给高彬法师当徒弟的事，说与其在家里饿死，不如到皇觉寺当和尚去。于是重八离开家乡，投奔到皇觉寺，剃了头发，穿了件旧僧衣，便过起了和尚生活，整日扫地、上香、打钟、击鼓、煮饭、洗衣，算是暂时安定下来。安定日子刚刚过了五十天，皇觉寺米缸见底，也闹起饥荒来，只得裁员。重八是新来的小沙弥，不幸被列入第一批裁员名单。无可奈何，他只好靠着这身和尚行头：一顶破帽、一个木鱼、一个瓦钵和一个小包袱，硬着头皮，离开家乡，云游四方，从庙里的杂役行童变成化缘的游方僧。用社会上的话说，游方就是叫化。

重八离开皇觉寺，不知何去何从。听人说往南往西一带年景较好，就一路往南，先到合肥，接着到固始、信阳、汝州、陈州、鹿邑、亳州，再到颍州。这一路受尽风霜之苦，尝尽人情冷暖，既了解了民间疾苦，也丰富了自己的社会阅历。过了 3 年多"身如蓬逐风，心似滚沸汤"的生活，重八踏上回乡的旅途。此时的淮西大地上，靠明教聚集起来的反元红巾军势力越来越大。重八已经不是那个只为混口饭吃的农村青年，回到皇觉寺后，他开始留心结交朋友，物色有志气、有胆量的人物，并时刻关注城里的最新动态。

元朝末代皇帝元顺帝妥懽帖睦尔沉湎于酒色，朝政全由宰相伯颜把持。伯颜贪污舞弊，子侄都做了大官。他仇视汉人，反对蒙古人读汉人书，至正元年（1341），破天荒地取消科举考试。至正三年（1343），天下汹汹，四处都有因活不下去而造反的义军。伯颜不从自身找原因，竟说造反的全是汉人，在朝廷做官的，必须表明立场。怎么表明？汉官必须提出诛捕造反汉人的办法。接着伯颜提出更为荒唐的主张：杀掉张、王、刘、李、赵五姓的汉人。他异想天开地认为，这五姓人数最多，汉人杀了大半，自然造不了反。其后，伯颜自家窝里反，他的侄子脱脱嫌伯父挡了自己升官的路途，施计逼死伯颜。脱脱上台，并未改变伯颜的行政方针。然而，人祸难免伴着天灾。至正三年五月，黄河决口，洪水暴涨，平地水深两丈。脱脱决议动工治理黄河，征发各路民夫戍军。韩山童听说后，叫人四处散布谣言说"石人一只眼，挑动黄河天下反"。然后找人凿了一个独眼石人，偷偷埋在黄陵岗工地。因被克扣了工钱的河工挖到石人，便当作上天的启示。韩山童聚集了3000人，起兵反元。两淮、江东西的百姓迅速响应，很快队伍发展到几万人。当时民间流传这样一首《醉太平》小令：

堂堂大元，奸佞专权。开河变钞祸根源，惹红巾万千。官法滥，刑法重，黎民怨。人吃人，钞买钞，何曾见？贼做官，官做贼，混贤愚。哀哉可怜！

重八25岁那年，已经投奔红巾军的朋友汤和，从濠州托人捎来一封信，催他也来入伍。重八犹犹豫豫，一时拿不定主意，打卦占卜，下不了决心。直到元军放火烧了皇觉寺，他才参加红巾军。

26 年后，他写回忆录时，写道：

住（皇觉寺）方三载，而又雄者跳梁。初起汝、颖，次及凤阳之南厢。未几陷城，深高城隍，拒守不去，号令彰彰。友人寄书，云及趋降，既忧且惧，无可筹详。傍有觉者，将欲声扬。当此之际，逼迫而无已，试与智者相商，乃告知曰：果束手以待罪，亦奋臂而相戕？知者为我画计，且祷阴以默相，如其言往卜去守之何祥，神乃阴阴乎有警，其气郁郁乎洋洋，卜逃卜守则不吉，将就凶而不妨。

朱元璋喜欢装神弄鬼，将自己的决心归功于神佛的启示，无非是想证明自己的行动是受命于天的。如果他没有和汤和等人暗中联系，又怎么能搭上红巾军这条线呢？

至正十二年（1352）闰三月，重八投到郭子兴部下为兵。正是这个决定改变了重八个人的命运，从某种意义上也改变了中国历史的进程。

加入红巾军后，朱元璋便不再是那个四处乞讨的游方僧。尤其是娶妻之后，朱元璋取了官名，便正式和过去的生活告别。但是朱元璋的心里一直有过去的阴影存在，因此，朱元璋格外注意文字细节和他自己出身经历的禁忌，几乎到了吹毛求疵的地步，也因此造成了洪武时代的文字狱。

所谓禁忌，含义非常广泛，有的还有章可循，有的根本就是莫名其妙。比如朱元璋对其做过和尚的事情非常忌讳。与和尚有关的字眼"光""秃""僧"都是犯忌的词。朱元璋看到臣下所上的表笺里面有"光""秃""僧"这些字眼，就要杀那个撰写表笺的人，甚至与之音义相近的字都不行，如"生"（僧）字和"则"（贼）字，一经发现，照样要被砍头。杭州府学教授徐一夔的贺表里有"光天之下，天生圣人，为世所则"一句，朱元璋读后幽幽说道："生者僧也，骂我当过和尚。光是薙发，说我是秃子。则音近贼，骂我做过贼。"好家伙，一句话三个停顿就变着法儿地骂了三次，连朱元璋也怀疑自己是否多虑了。这次还好，朱元璋权当是巧合，饶了徐教授一命。

朱元璋曾经在佛门待过，知道佛门并非真正的清静之地，因此在他执政期间，曾对佛门进行过大力整顿。洪武六年（1373）下令，凡未满40岁的民家女子，不得做尼姑、女冠（女道士）。洪武二十年（1387）又下令，20岁以上的青年，不得入寺为僧。4年后又颁布命令：假若有人效法瑜伽教，自称"善友"，假借张真人的名头，私造符录，均以重罪论处。洪武二十七年（1394）下令，僧道私自拥有妻妾，众人可将其驱逐出寺院，包庇者同罪论处。僧人自称白莲、灵宝、火居以及僧道不务祖风，妄为议论，也要治重罪。

中国历史上从来都是只许州官放火，不许百姓点灯。朱元璋一方面禁止民间神道设教，另一方面却也经常利用神道抬高自己的身价。朱元璋不能改变自己破落户的家庭成分，又担心士绅们看不起他，就编了许多神叨叨的故事，给自己脸上贴金。《周颠仙人传》中他杜撰出一个能够证明自己拥有超能力的癔症患者周颠。这位周颠14岁时得的颠病，古人认为颠病患者能通神。朱元璋塑造的周大仙酒量大，火烧不死，一个半月不吃东西没事。另外，周大仙还有神算功夫、呼风唤雨、治病救人（只给朱元璋开过仙丹妙药），周大仙真正的神通是算出朱元璋能够一统天下。其实不过是用疯疯癫癫的周颠来抬高自己的身价，这个办法并不高明。但是朱元璋出身太差，文化水平又低，历史上也没有姓朱的显贵家族，他挖空心思也只能想出这种不入流的故事。朱元璋本人从不接受道士献上的所谓长生药方，有人为讨好皇帝进献"天书"，证明"上位"确是真命天子，反而被杀。他一面对臣民侈谈神道，一面又不许别人对他谈神异，说明他心里跟明镜似的，他编的那些故事只是为了神化自己。

时人解缙在《万言书》中已经指出：

陛下天资至高，合于道微，神怪妄诞，臣知陛下洞瞩之矣。然不免所谓神道设教者，臣谓必不然也。一统之舆图已定矣，一时之人心已服矣，一切之奸雄已慑矣。天无变灾，民无患害，圣躬康宁，圣子圣孙，继继绳绳，所谓得真符者矣。何必兴师以取宝为名，谕众以神仙为征应也哉！

解缙上书后，朱元璋也不好意思再利用佛道两教，也不再侈谈神异征应了。

心有多远，路才有多远:

张士诚败亡之谜

元至正二十七年（1367）八月，苏州城外，黑压压布满吴兵（当时朱元璋为"吴王"）：徐达屯兵葑门，常遇春布兵虎丘，郭兴军娄门，华云龙军胥门，汤和排兵阊门，王弼堵在盘门，张温困住西门，唐茂才布军北门，耿炳文驻在东北，仇成看管西南，何文辉屯兵西北。平江城（苏州）被围得水泄不通。这还不算，吴军又在城外建起木塔三层，可以居高鸟瞰城中，每层都设有先进的火器设施，日夜炮轰平江城。城内的张士诚死守，外无援兵，内无粮草，一次次的突围行动都以失败告终。每天，吴军都有人在塔上劝降，张士诚不为所动。

　　九月，眼看吴军攻将进来，张士诚不得不硬着头皮披挂上阵。他知道此战必败，期期艾艾问妻子刘氏："我战死应名应份，你们该怎么办？"张士诚为人犹豫不决，他的妻子刘氏却很有主见。她看见丈夫在这紧急当口还儿女情长没完没了，便命人将柴草堆到齐云楼下，将张士诚的几房妾室驱赶上楼，命养子举火焚楼，刘氏自己上吊身死，希望以如此惨烈的死亡激励丈夫的斗志。只可惜江山易改，本性难移。张士诚看妻子自杀，也磨磨蹭蹭上吊，结果被手下人救下。此时，吴军已经攻入大门，一代枭雄张士诚做了阶下之囚。张士诚这时方显出英雄本色，很平静地接受了失败的现实，准备绝食身亡。可惜天不遂人愿，朱元璋容不得张士诚的"非暴力不合作"态度，将其乱棍打死。张士诚从占据当时最富庶的东南半壁，最后到死无全尸，除去众多客观因素之外，与他性格上的缺陷也是密不可分的。

张士诚（1321～1367），元末泰州白驹场（今属大丰）人，至正十三年（1353）率领盐丁起兵反元。后渡江南下，定都平江（今苏州），改平江府为隆平府，自称吴王。张士诚所占地方粮食充裕，又有鱼盐桑麻之利，人口众多，是各政权中最为富庶的。然而，张士诚为人过于持重，优柔寡断，待人宽大，缺乏冒险精神，也没有一统天下的野心。可谓性格决定命运，诚然若是。

张士诚的保守、懈怠，在朱元璋进攻陈友谅时就已经表露无遗。当时的局势是这样的：陈友谅占据上游最有利的战略位置，张士诚占据最富饶的江南地区。朱元璋和刘基都认为张士诚醒龊无大志，只想保住自己一亩三分地，于是决定先集中兵力与陈友谅放手一搏。果然，在朱元璋、陈友谅两军死拼之时，张士诚作壁上观，毫无反应。当时张士诚不论倒向哪方，都会给另一方致命的打击，同时也能扩大自己的地盘，以维持相对的均势。而他却按兵不动，失去了分享战果的大好机会，眼睁睁看着对手变得强大，却没作出任何反应，可见张士诚并不是一个做大事的人。时人杨维桢在给张士诚的信中指出他在用人上的致命缺陷：

况为阁下之将帅者，有生之心，无死之志矣；为阁下之守令者，有奉上之道，无恤下之政矣；为阁下之亲族姻党者，无禄养之法，有悖位之权矣。有假佞以为忠者，有托诈以为直者，有饰贪虐以为廉良者。阁下信佞为忠，则靳尚（按，战国时楚国迫害屈原的奸臣）用矣；信诈为直，则赵高（按，秦时指鹿为马的奸臣）用矣；信贪虐为廉良，则跖、跻者进，随、夷者退矣。又有某绣使拜寇而乞生，某太守望敌而先退，阁下礼之为好人，养之为大老，则死节之人少，卖国之人众矣。是非一谬，黑白俱紊，天下何自而治乎？

及观阁下左右参议赞密者，未见其砥切政柄，规进阁下于远大之域者，使阁下有可为之时，有可乘之势，而讫无有成之效。其何故也？为阁下计者少而为身谋者多也。阁下身犯六畏，衅隙多端，不有内变，必有外祸，不待智者而后知也。阁下狃于小安而无长虑，东南豪杰又何望乎！（《铁崖先生传》）

杨维桢有不少朋友在张士诚那里讨生活，以上这些批评都有事实根据，既可信又公道。张士诚手下的将领和谋士都是当年买卖私盐的江湖兄弟，刚作出点事业，多半沉溺在温柔乡中，不思进取。张士诚面活心软，讲究有福同享，手下人做错事甚至打了大败仗，也不忍心责备，以致赏罚不分，是非不明。功臣勋旧们大建私宅，花天酒地，附庸风雅。大将出兵，也要邀妓女清客解闷；损兵失地，回来照样带兵做官。比较能干的张士德被擒杀后，贪鄙无能的张士信做了宰相。他任人唯亲，弄权舞弊，东吴百姓作民谣说："丞相作事业，专凭黄蔡叶（按，三人均为张士信手下谋士），一朝西风起，干瘪。"（《明史纪事本末·国初事迹》）

与张士诚不同，朱元璋十分注重对部属的控制，一旦发现手下难于控御，下手绝不容情。邵荣、赵继祖本是朱元璋起兵时的老战友，也曾立下不少功劳，但因"渡江勋旧，俱鱼服之侣，臣主未定，等夷相视，见兵炳独握，未免为所欲为"（《国榷》卷一），为加强控制，朱元璋主动出击，设计擒杀二人。他命廖永忠安排酒宴，就在酒宴上将二人勒死。

张士诚缺了朱元璋这份狠绝，多了一份江湖义气和妇人之仁。在乱世争雄的年代，仁义往往不能帮助人建功立业，相反会让人顾忌重重，丧失良机。再说张士诚占据的地区又是东南富庶之所，生于忧患而死于安乐，张士诚的结局再次证明了这句古训。

仁义虽然没给张士诚带来江山社稷，却也给他留下很好的口碑。他死后，朱元璋痛恨当地人民为他坚守城池，给东南加重赋，每亩完粮七斗五升。前后对比之下，江南人民都很怀念张士诚。六百年来，苏州人每年七月三十烧九四香，托名为扫地藏香（九四是张士诚的小名，七月三十是他的生日）。李伯升本是张士诚的旧部，官为司徒，兵败后降敌。平江之围，李伯升厚颜无耻，派人劝降张士诚；张士诚被俘后，又是李伯升将其亲自交给常遇春。苏州人鄙视其为人，将出卖朋友的人称为"李司徒"。

书生误国的经典案例：

靖难之役朱棣得胜之谜

所谓正义一定会战胜邪恶，很多时候也只是人们美好的愿望而已，不少是王侯为自己歌功颂德的漂亮话。然而，公道自在人心，历史上狡诈深沉的篡位者、冷血无情的杀人王，再怎样费尽心力篡改历史以美化自己，也终会留下蛛丝马迹。天网恢恢，公论自有入网的一日。

话说明成祖朱棣坐上皇帝宝座之后，便开始大规模篡改、销毁前朝实录和档案记录，为的就是让自己的政权名正言顺。朱棣能够靖难成功，并不在于他真的占据了道德和正统的制高点，而是因为他采取了正确的战略、策略。同时，对手在关键时刻的致命失误也是非常重要的原因。而这件事的根由还要从朱元璋分藩说起。

洪武三年（1370），朱元璋论功行赏，封10人为公爵，28人为侯爵，丹书铁券。然而，不过20年间，从前血战沙场的武士谋臣不仅自身难保，三宗九族也被杀个精光。其间既有与朱元璋是儿女亲家的胡惟庸、李善长，也有为明朝立功无数的大将军蓝玉。究其因由，这位草根出身的朱皇帝愿望其实很"朴素"：不过是想其子孙后代安稳坐江山，一世、二世乃至三世、万世，于是他便斩除任何威胁朱家帝系的潜在性危险。

与对待臣下的刻薄寡恩相对，朱元璋广封朱氏宗室，他有24个儿子和一个侄孙，都建藩为王，有地有兵有钱。几个儿子皆拥重兵，占据要塞，朱元璋还下诏，严令群臣时时刻刻、无微不至地尊显朱氏皇族。当时，帝国各级官吏厉行清廉，规定贪污 60 两白银就会遭到剥皮酷刑。明代官俸为历代最薄，正一品月俸米 87 石，从一品至正三品递减 13 石，到最低官级，正七品至从九品最后递减至仅 5 石而已。其后以绢以钞以银折算，也大抵依据此制。对皇族，朱元璋则极其优崇。明朝的藩王，都有 5 万石米的俸禄，还有钞 25000 千贯，绢布盐茶马草各有支给，最低的"奉国中尉"也有禄米 200 石。

明初，故元的蒙古残兵败将常常于塞下出没，因此，明初对于各边境重要地区皆以地位尊贵的皇子坐镇。朱元璋对属下将领非常猜忌，对他自己的骨肉诸子却一千万个放心，下命诸子可以专制国中，各拥精兵数万，并有征调各路军兵的威权。

太祖诸子，有九子封在东北到西北的边境，依地势自东往西数过来是：辽、宁、燕、谷、代、晋、秦、庆、肃九王，为了戍边，九王握有重兵，而且每年都做"军事演习"。太祖得意扬扬地对允炆说："我把御外侮的责任交给诸王，边尘不动，让你做太平天子。"

允炆答道："敌国入侵，由诸王对付；诸王有异心，谁来对付？"

太祖默然，问道："该如何处之？"

允炆略加思索，答道："以德争取其心，以礼约制其行。如果无效，削他的属地；再无效，改封到别处。这样再不知改悔，就只好举兵讨伐了。"

可见允炆要裁减诸王的事权，早在他身居储位时，就因为感受到他那些叔叔们不逊的刺激而有了打算；而且不惜兵戎相见这一个原则，也是得到他祖父的同意的。可惜，他只是个理论上的高手，实践中的矮子，说得头头是道，付之实行却毫无章法，此为允炆败亡的重要原因，且留到后面再谈。

朱元璋临终前特地颁布遗诏，嘱咐诸王不必至京师奔丧，王国所设的官吏，听朝廷节制。这是太祖为身后打算，只可惜这只是他一厢情愿：诸王来朝，不服幼主，必有人觊觎大位，起而谋逆；官吏受朝廷节制，则用以防范诸王。

1398 年，71 岁的朱元璋病死，皇太孙朱允炆继位。4 年后，城头变换大王旗，叔侄相争，同姓相残。大明朝文臣武将没有出来觊觎皇位的（稍有头脑和武勇的都被合族诛杀），反倒是最像朱老头子的宝贝儿子朱棣横空杀出，坐上了原来与他基本无缘的龙椅。

朱棣，史书上讲他是明太祖朱元璋第四子，与懿文太子朱标、秦王朱樉、晋王朱棡与周王朱橚皆为朱元璋原配正妻马氏所生。其实，朱棣的生母是朱元璋的碩妃孙氏，据明清时的笔记史料记载，孙氏是高丽人。朱棣生母是谁都不重要，最重要的他是朱元璋的儿子。洪武三年（1370），朱棣得封燕王。洪武十三年（1380），朱棣于北平（今北京）开藩王府。大概久习战阵，长年在朔方征战，朱棣年轻时就智勇皆备，能推诚任人。洪武二十三年（1390），朱棣和皇兄秦王朱樉、晋王朱棡一同勒兵进讨蒙古残部乃儿不花。朱樉和朱棡怯懦，皆逗留不进。朱棣指挥士兵直趋迤都山，大败乃儿不花，缴获人口牛马无数。听闻儿子朱棣大胜的消息，朱元璋大喜，此后屡派朱棣率诸将出征，并令他节制沿边士马。可见，朱棣是个久习边事且弓马娴熟的善武王爷，并有近二十年独霸一方的领兵打仗的经验。

反观朱允炆，长于儒生之手，有见识而无才干。再加上用人不当，才将大好的江山丢掉。建文帝一即位，就开始"惦记"削藩，这个战略思路是对的，但在具体实施过程中，犯下种种错误，结果反把自己给"削"了。建文帝甫一即位，就拿周王朱橚开刀，找借口抓了这位叔叔。所谓兔死狐悲，物伤其类。建文帝的这个行动没有起到杀鸡儆猴的作用，相反使得本来就心怀异图的朱棣抓紧时间招兵买马，挑选壮士为卫军。又四处召集异人术士（朱棣也知道篡逆是十恶不赦大罪，勾引术士相人在身边无非是给自己以心理安慰，并对左右从人施以心理暗示）。

同年年底，建文君臣已知悉燕王举动不寻常，并采取了一些措施提防朱棣。首先，建文帝以防备北边蒙古为名，派武将戍守开平，并下令调征燕王所属卫兵出塞。其次，派工部侍郎张昺为北平左右政使，任谢贵为都指挥使，随时就地监视这位王爷的动静。建文元年（1399）春，长史葛诚入京奏事，建文帝向葛诚询问燕王的情况。葛长史是老实人，又值皇帝垂问，便把燕藩平素的不轨之事一一禀报。建文帝既喜且忧，遣葛诚回北平，密使其为内应。三月，燕王依礼入觐新君侄子建文帝，"行皇道入，登陛不拜"。当时就有监察御史奏劾其"不敬"之罪。建文帝却表示说"至亲勿问"。户部侍郎卓敬再次密奏："燕王智虑过人，有先祖之风，再加上占据北平要地，应及早将其迁至南方。"建文帝览奏后变色，藏于袖中，不置可否。转天，他亲自召见卓敬，问："燕王骨肉至亲，何得及此？"卓敬说："隋文帝、杨广两人难道不是亲父子吗？"建文帝默然良久，仍旧下不了决心，只是摆摆手说了声"爱卿不要再讲了"。

由此可见，建文帝天性仁厚。然而，当断不断，必受其乱。建文帝失去了歼灭朱棣的最佳时机。随后的几年里，建文帝一次又一次错失良机，眼睁睁看着朱棣的势力变大。

四月，燕王朱棣归国。朱棣在南京时，建文帝如果想处置他，非常容易，随便找个理由，先把人控制起来再说。朱棣离开北平根据地，没兵没将，什么都不是。可惜建文帝太过柔仁，真不知道一直主张削藩的儒臣齐泰和黄子澄等人干什么去了，关键时刻不力劝建文帝下狠手，放虎归山，终酿大祸。

五月，太祖朱元璋小祥忌日，依照礼制诸侯王皆应亲临陵墓致祭。朱棣自称病笃，为令朝廷不起疑心，派其世子朱高炽及另外两个儿子朱高煦、朱高燧入京。

燕世子朱高炽等三兄弟入京，兵部尚书齐泰就劝建文帝把三个人都一并软禁起来。黄子澄表示异议："不可。疑而备之，不是好事。不如遣还。"秀才议事，思前想后，魏国公徐辉祖入殿密奏，表示说："我这三个外甥中，唯独朱高煦勇悍无赖，非但不忠，又会叛父，他日必为大患。"建文帝犹豫，向徐辉祖弟弟徐增寿和驸马王宁问计。这二人平时和燕王及其三子关系密切，饮酒纵马欢歌，自然都是说好话，建文帝就在仪式后把三人都打发归国。朱棣派三个儿子入京后不久，便有点后悔，生怕三个儿子被一网打尽。看见三个人毫发未伤返回，不禁喜出望外，大叫"吾父子复得相聚，天赞我也"！

这里，建文帝犯下两个大错：放朱棣回北平；又放纵燕王世子朱高炽等人归国，使朱棣起兵更了无顾忌。

建文帝放走朱棣之后，十分不放心这位能干的老叔，便派都督耿瓛掌北平都司事，都御史景清为北平布政司参议，又诏派宋忠率三万兵屯守开平，以备边为名，敕令燕府精兵护卫皆隶属宋忠。同时，他还密诏张昺、谢贵严备燕王的一举一动。

朱元璋一死，建文帝便开始着手削藩，他的心腹谋臣是齐泰、黄子澄。这二人可算是中国历史上一等一的忠臣，但才干方面实在很有问题，充其量只是治世的良臣，绝不能担当"削藩"的重任。齐泰原名齐德，洪武年间，太祖以谨身殿为雷所毁，祷庙谢过，选择九年无过失的臣子陪祀，齐德为其中之一，因而赐名为"泰"。齐泰当兵部左侍郎时，太祖问边将姓名，他历数无遗；又问各地形势，他从袖子里取出一本手册，进奉太祖，其中的记载异常扼要，太祖大为欣赏。但这是参谋长的本事，不见得能定大计、决大策。

黄子澄是洪武十八年（1385）的会元，当时被选为东宫伴读；建文帝为皇太孙时，仍侍东宫。一天在东角门跟他谈起诸王难制，黄子澄认为不足为忧，诸王的护卫兵力单薄，倘有叛变，临之以中朝大军，其谁能敌？及至建文即位，以齐泰为兵部尚书，黄子澄兼翰林学士，同参国政——自洪武十三年（1380）罢相后，明朝永无名义上的宰相，所以有此"同参国政"四字，就等于宰相之任。

建文帝年轻，两位左右手又都是文士书生，仓促间就议定削藩大事，决定先从周王下手。建文帝即位后不久，急命曹国公李景隆调集大兵奔赴河南，把周王王府围个水泄不通，逮捕了周王及其世子嫔妃一干人等，俘送南京。接着，下制削去周王王爵，废为庶人，迁至云南蛮荒之地看管。

同年十二月，有人告发代王"贪虐残暴"，建文帝便把代王徙至蜀地，交予蜀王看管。

再说燕王方面，朱棣归国后，马上托疾不出。不久，对外又称病危，以此迷惑朝廷，以静制动。建文帝却沉不住气，建文元年（1399）七月，这位年轻的皇帝遣人逮捕燕王官校于谅、周铎至京杀头，并下诏谴责朱棣。眼看冲突近在眼前，为了争取时间，朱棣装疯，于北平市中狂呼乱走，胡言乱语，躺在地上打滚叫骂，成天假装不省人事。

建文帝自然不信，派张昺、谢贵入王府"探病"。盛夏暑天，他们看见朱棣披着大棉被在一个大火炉子前"烤火"，连连摇头大呼"冻死我了！"。燕王长史葛诚密报朱棣即将举兵，兵部尚书齐泰马上发符遣使，命有司迅速前往北平，逮捕燕王府邸内相关人等，密令张昺、谢贵等人见机行事。同时，明廷密敕北平都指挥使（军区司令）张信，因其一直为燕王亲任，命他亲自逮捕朱棣。这一切安排可谓十分周密，如果计划顺利进行，胜利的天平就会倒向建文帝。奈何建文帝所用非人，关键时刻，张信向朱棣密告此事，使得功败垂成。朱棣称帝后，对于在战场上无尺寸之功的张信"论功比诸战将，进都督金事。封隆平侯，禄千石，与世伯券"。无论是朝会还是平时见面，朱棣都呼张信为"恩张"。不仅如此，大凡察藩王动静等特务秘事，皆命张信去办，对他一直荣宠不衰。

就在这时，张昺、谢贵等人已经率兵包围王府，一边劝降，一边向王府内放箭。情况十分危急，朱棣一时也没了主意。卫队长朱能建议："如果能先擒杀张昺、谢贵，别的士兵就容易对付。"

朱棣沉吟半晌，决定先诳骗张、谢二人入王府再作打算。于是，在殿门及端礼门内埋伏壮士后，朱棣打开王府大门，在东殿端坐，派人召唤张昺、谢贵二人入王府。张、谢二人思虑再三，便按剑前行。

临入王府大门，张、谢二人身边的众卫士被门卫呵止。由于朱元璋时代，王府不能随意进入，张、谢二人也没有坚持带护卫入府。

进入燕王府大堂，看见朱棣曳杖而坐，俨然大病初愈的样子。两旁府属齐集，音乐声起，赐宴行酒。酒过三巡，朱棣忽然变脸，掷瓜于地（事先定好的行动暗号），燕王府内顿时伏兵大起，众卫士拥上前把张、谢二人绑缚起来，葛诚等建文帝"内应"也被当即拿下。张、谢等人皆被斩丁王府堂前。

张昺、谢贵二人的卫士从属听说张、谢两人被燕王杀掉，应时溃散。只有北平都指挥彭二比较沉着，单人匹马于市中大呼"燕王造反"，集兵士千余人，猛攻端礼门，被燕王手下两个健卒砍落于马下，乱刀杀死。

朱棣又急忙下令，命张玉等人率兵乘夜突击，攻夺北平九门。仅仅两三日内，燕王朱棣就占据整座北平城，朝廷派来的都指挥使余瑱和马宣身边士兵寥寥无几，一个退守居庸关，一个逃往蓟州。

一不做，二不休，燕王朱棣援引明太祖《祖训》："朝无正臣，内有奸恶，则亲王训兵待命，天子密诏诸王统领镇兵讨平之。"并以诛齐泰、黄子澄为名，称其军为"靖难之师"，正式举兵反叛。

建文君臣闻变，下诏削夺燕王属籍。战争就此拉开帷幕。

与成长于深宫的建文帝不同，朱棣自少年时代起就随朱元璋征战，成年后又独当一面，是久娴军旅的帅才。随后的战役中，朱棣选择正确的战略措施，一步步逼近南京，而建文帝一方则节节败退。

燕兵攻克怀来后，势如破竹，开平、龙门、上谷、云中皆不攻自破。不久，又攻陷永平。至此，朱棣的北平大后方根据地已成稳固之基，再无太大的后顾之忧，可以锐意南下。

北方军情如此紧急，建文君臣并没有十分在意，认为燕王朱棣只是侥幸得胜。当时，建文帝正锐意文治，天天与方孝孺等大学者、诸文臣们讨论《周官》法度。

黄子澄虽是书生出身，却也能看出燕兵来者不善，劝谏道："燕兵素强，不早御之，恐河北尽失。"

至此，建文帝才派长兴侯耿炳文、驸马都尉李坚等人率师北伐，抵挡燕兵的进攻。黄子澄不放心，接着下令安陆侯吴杰、江阴侯吴高以及十多位都指挥使数道并进，号称百万，直趋北平方向进军，并飞檄山东、河南、山西三省助给军饷及后勤支持。

众将出发前，建文帝于大殿送行。本来是你死我活的生死战场，建文帝还嘱咐将士千万注意不要杀伤燕王！燕王朱棣造反，威胁大明社稷，双方主力还未短兵相接，皇帝竟讲明不能让这位"反贼"叔父有损伤。诸将投鼠忌器，兵士又不敢抱"擒贼先擒王，杀贼先杀头"之心。由此，就可以预见日后明军面对燕兵时的困窘之境。

在两军对垒的紧张时刻，黄子澄又建议以李景隆替换耿炳文。建文帝亲自在江边为李景隆（李景隆父亲李文忠是朱元璋亲外甥，所以他是建文帝表哥）送行，赐其通天犀带，并诏令这位大将有专征杀伐之权。这是建文帝败

24

亡的另一个重要原因。用朱棣的话说，李景隆"膏粱竖子耳！寡谋而骄矜，色厉而中馁，未尝习兵，见阵而辄以五十万付之，是自坑之也。"

朱棣为手下分析当时的局势，胜券在握，他认为：兵法有五败，(李) 景隆皆蹈之。为将政令不修，上下异心，一也；北平早寒，南兵衣单不足，披冒霜雪，加之兵无余粮，马无宿草，二也；不量险易，冒入趋利，三也；贪而不治，智信不足，气盈而愎，仁勇俱无，威令不行，四也；部伍喧哗，金鼓无节，好谀喜佞，专任小人，五也。李景隆五败皆备，何能为也！

于是，朱棣兵行险棋：驰援永平。他认为李景隆如果知道自己不在城里，必集大军攻城，到时燕军回师反击，坚城在前，大军在后，必能破敌！

果然，李景隆上当，连忙率明军过卢沟桥，直逼北平。明军把北平城围得铁桶一般，在九门筑垒，挥军猛攻北平。明初虽有攻城火炮，但攻城仍是非常困难的事情。加之燕王起兵以来一直早有准备，深沟高垒，城墙加厚，五十万明军攻城受阻。

一度，攻击北平丽正门的一支明军战斗力很强，已经有一股部队冲开城门，如果李景隆指挥有方，再派上数千后备队，丽正门必破无疑。坚城再牢，只要一门被攻破，很快就会全城陷落。但李景隆号令不严，已经登城的明军忽然撤退。可见，明军的战斗力虽然不弱，但约束力很差。攻打丽正门的明军看见后面没有后援，就自作主张回到营垒休整。

经此一役，北平燕军防守益坚。同时，燕世子朱高炽严肃部署，用人得当。燕兵燕将还常常乘夜缒下城闯入明营中乱杀一气，明军扰乱纷纷。不得已，明军退营十里。李景隆妒忌能干的将军瞿能，结果又一次失去攻城机会。北平守军争取了宝贵时间，燕王朱棣回军路上也十分顺利。建文元年（1399）十二月，朱棣所率燕兵趁北河水冻结，突然对明先锋都督陈晖发起进攻，大败明军。燕兵乘胜，奇兵左右出击，连破明军七营，直逼李景隆中军大营。明军刚刚退至城下，北平城内城门大开，燕兵高呼从里面杀出，双方夹击。李景隆明军再也支持不住，他本人弃大营连夜逃跑。

转天早晨，固守九门营垒的明军奋力抵拒，仍被燕兵攻破四垒。惶急之间，大家又听说主帅李景隆不知去向，顿时溃散，丢弃兵粮，趁夜南奔。

李景隆马不停蹄，一路逃到德州。

建文帝也隐约听闻战事不利，就问黄子澄进展如何。由于李景隆是自己极力推荐，黄子澄匿败不报，回复说："听说我军交战数胜，但天气奇寒，士卒不能忍受，现暂回德州，待明年春天再大举进攻。"同时，黄子澄派人急报李景隆不要以败讯上闻。

建文帝还下特诏加李景隆太子太师，兼赐玺书、金币、御酒、貂裘。

建文帝用人的失误还表现在调换大将吴高上。吴高在战斗之中虽然常怯阵，但行事缜密，善于守城。朱棣就使"反间计"，给吴高写信盛赞其作战有方、为人厚道。建文帝闻讯，马上下诏削夺吴高的爵位，徙广西安置，只令明将杨文守辽东。

在靖难之役的最后关头，建文帝宫内的太监帮了朱棣天大的忙。由于建文帝御内臣甚严，不少宦官心怀怨愤。同时，建文帝又严惩冒皇帝名义出外勒索的宦官头目，于是，心中充满怨毒的太监，纷纷到朱棣处示好，把皇宫的消息告诉燕王。

建文四年（1402）初，朱棣大军从北平出发，一路南下，势如破竹。同年六月，燕兵至泗州，守军不战而降。朱棣列大兵于淮河北岸，明将盛庸拥数万兵于南岸。未几，燕兵又施奇袭计，这群惯于骑马的北方兵竟能先派数百人乘小舟先入南军舰队中放炮，屡战屡败的南军惊骇至极，弃舰而逃。燕军乘胜，当天就攻克盱眙，直趋扬州。接着，燕兵又降高邮、克仪真。此时，长江之上，遍插燕王大旗的巨舟往来穿梭，旗鼓蔽天。

金陵城内，大臣们见势头已变，各自心怀鬼胎，都以守城为名求出，致使都城更加空虚。情急之下，建文帝派燕王堂姐庆城郡主入燕营请和，答应割地，与燕王中分南北，划江而治。

事已至此，朱棣当然不干，婉言拒绝。

眼见燕兵兵临城下，建文帝会群臣，当众恸哭。有人劝建文帝逃往蜀地，有人劝逃往浙江，有人劝逃往湖湘，意见纷纷，莫知所是。最早立议削藩的齐泰、黄子澄都早先出外"募兵"。至此，建文帝一筹莫展，天天长吁短叹，恨恨道："事出汝辈，而今皆弃我去乎！"

建文帝惶急，"逊国而去"，"宫中火起，帝不知所终。"

建文帝嫡孙袭统，竟败于起兵反叛的藩王之手。总结起来，朱棣能够取得成功的原因除了朱棣本身的才干外，建文帝的失误"成全"了朱棣。再看建文帝的手下，黄子澄、齐泰、方孝孺皆书生，仓促行削藩之计，不知兵事，没有什么大的战略眼光，以至于误己误国，最后招致灭族惨祸。

纵观靖难过程，主要是建文帝一方没有什么特别突出的大帅之才。这要"归功"于朱元璋，因为所有有智有勇有力的名将早已连子孙都被诛除干净，留下的全是三四流将领，自然不是燕王朱棣的对手。

朱棣入京后，立即开始"大清洗"。他先残杀了建文帝后宫中手无缚鸡之力的宫人、女官以及内官无数，只留下一帮曾给他通风报信的太监。他又迁建文帝母亲于懿文陵幽禁，杀掉建文帝三个兄弟。建文帝7岁太子朱文奎于乱中"不知所终"，传言是被朱棣杀掉。另外的小儿子朱文圭当时才2岁，还在怀抱之中。朱棣先把这个小孩幽闭于广安宫，至明英宗时才放出，已经57岁，尚不能分辨马牛，完全被禁锢成一个痴呆。

其后悬赏捉拿黄子澄、齐泰、方孝孺、铁铉等建文帝铁杆臣子数十人。

方孝孺乃建文帝耿耿忠臣，身穿重孝大哭于阙下。朱棣召其入殿，方孝孺也不施礼，依旧号哭不已。朱棣要方孝孺书写诏书，方孝孺夺过诏纸，在上乱批数字，掷笔于地，边哭边骂道："死即死耳，诏不可草！"朱棣大怒，大声叫道："怎能让你痛快一死，即死，难道你不怕我诛你九族吗？"方孝孺大喝："便诛十族又奈我何！"

朱棣残暴本性显出，命卫士用大刀把方孝孺嘴唇割开，一直划裂到耳边。然后，命人逮捕其九族亲眷外加学生，凑成十族，共 873 人，依次诛剐杀戮于方孝孺面前。

建文帝兵部尚书铁铉被逮至京。朱棣坐于御座，铁铉背立殿廷，至死不转身面对朱棣。朱棣派人割掉铁铉耳鼻，在热锅中烧熟，然后硬塞入他口中。其后，朱棣下令寸磔铁铉，这位忠臣至死骂不绝口。这还不算，朱棣又把铁铉 80 多岁的老父老母投放海南做苦役，虐杀其十来岁的两个儿子，并硬逼铁铉妻子杨氏和两个女儿入教坊司充当妓女，任由兵士蹂躏。

建文帝刑部尚书暴昭，在朝堂上大骂朱棣。朱棣先去其齿，然后断其手足，以刀慢割脖项而死。

礼部尚书陈迪，由于责问不屈，朱棣命卫士绑送他及其六个儿子一起至刑场凌迟。朱棣先派人割下陈迪儿子陈凤山的鼻子和舌头，塞进这位忠臣嘴里逼他下咽。陈迪虽为文士，至死不屈，怒骂而死。

……

朱棣虐杀建文帝忠臣及其家属共一万多人。历朝历代异姓相伐相杀，从未有这样惨屠对方官吏臣下的举动。因此，清初史家谷应秦这样叹道：

嗟乎！暴秦之法，罪止三族；强汉之律，不过五宗……世谓天道好还，而人命至重，遂可灭绝至此乎！

明太祖最受人诟病的一事，是侮辱衣冠，至成祖又变本加厉。清朝章学诚曾指出："前朝虐政，凡缙绅籍没，波及妻孥，以致诗礼之家，多沦北里。"在明太祖时，于南京乾道桥设"富乐院"，罪人眷属，发此为官妓。成祖处置建文孤忠的妻女，实在与流寇的作风无甚分别。如《国朝掌故》所记：

铁铉妻杨氏年二十五，送教坊司。劳大妻张氏，年五十六，送教坊司。张氏旋故，教坊司安政于奉天门奏，奉圣旨："吩咐上元县，抬出门去着狗吃了。钦此!"

这是个什么皇帝!

直到22年后，朱棣儿子明仁宗朱高炽继位，才下诏称："建文诸臣家属在教坊司、锦衣卫、浣衣局及习匠、功臣家为奴者，悉宥为民。"

由逃亡引发的航海奇迹：

建文帝下落之谜

明代宦官的用事，起于成祖。最初，成祖利用京里的太监刺探消息。尤其是在燕军渡江时，许多太监逃入燕军，对宫中情形、朝廷虚实，全部泄露，成祖颇得其力，因而一改前朝法度，开了重用太监的恶例。

在永乐初年，成祖即用太监办"外交"，遣内官监李兴奉敕宣慰暹罗国王；永乐三年（1405）命郑和通使西洋。郑和是云南人，很早就在成祖身边，即使精明强干，但通使外国，又何至遣派阉人？可知通使其名，另有目的。

郑和下西洋，船队浩浩荡荡，起因或许就在不知所终的建文帝身上。据传，靖难之役，在燕军马上就要攻入皇宫时，建文帝化装成和尚，神不知鬼不觉地消失在历史的帷幕下。当时的情形究竟怎样，数百年来始终是一个谜，因为没有确实可靠的记载，只能根据各种迹象来推断。建文帝到底在哪里，他是否死在大火中，还是远走他乡？

建文帝是如何"化装"成和尚混出京城的？其间过程，有不同的版本：一说系近臣为帝去发，相偕出"鬼门"逸去，这个传说，时日分明，行迹清楚，有头有尾，枝叶俱全，似乎不能令人不信；另一个说法是一位高僧名溥洽者，为帝剃度。成祖为绝天下人怀念故主之心，故意说他阖宫自焚，随后"以他事"收捕溥洽下狱，严刑逼供。另一方面在暗中大搜建文帝的行踪。

根据当时的传说，建文帝做了和尚，遁往西南，可能由云南出境，转往南洋。郑和的使命，即是到海外去查访建文帝的踪迹。

建文帝做了和尚，或者说扮作和尚出亡，事无可疑。之所成为谜者，是他离京时的情况，以及此后数十年的行踪。清初修《明史》时，因为"朱三太子"一案，又湮灭了若干真相，使得本来就不甚易解的谜，越发难解。康熙初年的"朱三太子"一案，以清朝的立场而言，"朱三太子"真也是假、假也是假，才可以绝明朝的遗民志士之望，而安定人心，用意与成祖之对建文相同。所以在修《明史》时，主张建文焚死之说。其时明史馆曾为此事集议辩论，大部分迫于现实，主张"存疑"，以作为对新朝的让步；小部分坚持出亡之说。而认定"焚死"者，大概仅有一个王鸿绪。王是江苏松江人，康熙进士，官至工部尚书，曾进呈《明史稿》，即为今《明史》的蓝本；《明史稿》原为一代大史笔万斯同的原作，但在王鸿绪进呈时，为阿附清廷的意旨，改动原稿，成为建文焚死，并自撰《史例议》，力辟出亡之说为妄。钱大昕撰《万先生斯同传》，不知其中有此一番偷天换日的伎俩，误以为万斯同主焚死之说，而《清史稿·儒林传》，又采钱说入传。

到了乾隆年间，"朱三太子"一案早成陈迹，既无顾忌，遂复其真，乾隆四十二年（1777）诏改《明史》"本纪"，建文的"书法"，重定为"棣遣中使出后尸于火，诡云帝尸"，数百年之谜，至此始正式揭出谜底。但修改过的《明史》未有通行本，目前听见，仍为乾隆四十二年的殿本。

建文帝之谜难解，原因之一是不仅为建文一个人的问题。当燕师入京之日，朝官不愿投降的，多在当天夜里从城上用绳子吊到城外，一夕之间失踪的著名人士多达40余人。其中有的列名于成祖的"奸臣榜"中，被抓了回去，有的从此不知所终。于是有人传言这些人都跟随建文帝出亡，据说有20余人之多，这些人的下落无人知道。

怀念忠义，兼以好奇，各种各样的八卦逸闻流传开来。这些传说，有一部分被收入《明史》，如"河西佣""补锅匠""云门僧""若耶溪僧""玉山樵者"等等。其中绝大多数为后人杜撰。

其时，在民间对于建文帝及出亡诸臣，有许多神秘的传说。好事者辑写成书，最早的一部名为《忠贤奇秘录》，所记还大致与传说相符。到了万历以后，有两本书先后出现，那更是在编造故事了。这两本书，一本叫作《从亡随笔》，一本叫作《致身录》，内容大同小异，多记建文帝在城破之日出亡的经过。

后来民间还流传这样一个故事：在英宗正统六年（1441），有个老和尚突然去见广西思恩州知州，大声说道："我就是建文帝。"州官大惊，面报藩司，飞章入奏，把这个自称为建文帝的老和尚以及跟他在一起的 12 个人，解送到京，命御史审问。

这位"建文帝"自称年已 90 余，死后想归葬在孝陵旁边，所以自首。御史问他，建文帝生在洪武十年（1377），应该只有 64 岁，怎么说是 90 余？于是审出实情，这个和尚名叫杨应祥，自然论死下狱。而另有一说，当时曾由服侍过建文帝的老太监吴亮去辨认真相。"建文帝"问道："你不是吴亮吗？"吴亮不承认，于是"建文帝"又说："我记得有一次御便殿进膳，是你'尚食'，我正吃着鹅肉，丢了一片在地上，说赏你吃；你手上拿着酒壶，跪在地上，学狗的样子，把那片鹅肉舐了吃掉了。你难道不记得这件事？"吴亮一听这话，伏地大哭；建文帝左脚趾上有黑痣，吴亮求证以后，捧着"建文帝"的脚又哭。但复旨既不能说真，又不忍说假，左右为难，只好上吊自杀。而"建文帝"则终被"迎入西内"。

这个说法被谷应泰收入《明史纪事本末》，描写相当生动，而实为不经之谈。

终明之世，对于建文帝未死而出亡，殆成定论。而钱谦益于此在官史中显有牴牾的一大事，更煞费苦心，于不悖事实的原则下，为成祖开脱。他替山东赵士喆的《建文年谱》作序，说"唯是文皇帝之心事，与让皇帝之至德，三百年臣子，未有能揄扬万一者"，因而他表而出之。"让皇帝"为南明对建文所上的尊号，肯定其"逊国"，他的"至德"不需赘述。所谓"文皇帝之心事"，照钱谦益的说法："明知孺子之不焚也，明知亡人之在外也，明知其朝于黔而夕于楚也。胡濙之访张邋遢，舍人而求诸仙，迁其词以宽之也；郑和之下西洋，舍近而求诸远，广其途以安之也。"这就是说建文帝的行踪在成祖掌握之中，特意放他一条生路，而又唯恐建文帝不明他的"心事"，徒事仓皇，未能安居，所以特派郑和"舍人求仙""舍近就远"，作为暗示。问题是成祖有那么仁厚吗？

相貌与权位并非毫不相干:

朱高炽嗣位之谜

明朝的第四位（算上建文帝）皇帝仁宗朱高炽是个走路都需要人搀扶的大胖子。与他事事争先的弟弟朱高煦相比，不入朱棣的眼。朱棣还曾亲自允诺要将帝位传给朱高煦，朱高煦信以为真，以为只要有父亲的许诺，自己就能登上皇帝宝座。然而，皇帝的话并非都是一言九鼎，尤其是继承人的选择，还要受到传统、礼法的限制。历史上多少皇帝欲立自己心爱的儿子为储君而不得的，朱高煦虽然长得比兄长更像皇帝，他的父亲更喜欢他，但他的皇帝梦终付黄粱，原因何在？

　　这先要从明代皇位继承之制说起。靖难成功之后，朱棣坐上梦寐以求的皇位，烦恼也随之而来，首先就是册立皇太子的问题。明朝的皇位是嫡长子继承制，即皇后所生的长子为第一继承人。皇后无子，就立庶妃所生的最年长的儿子。由于并不是每个正妻都能生出儿子，为人父母难免会偏疼偏爱。因此，终明一代围绕着嗣君的选择一直存在着各种各样的政治斗争。

　　朱棣的三个年长的儿子都是皇后徐氏所生。长子朱高炽，生于洪武十一年（1378），早在洪武时期，朱高炽就被立为燕王世子，他的儒雅与仁爱深得皇祖的喜爱。朱高炽最大的缺陷在于身体过于肥胖，行动不便，总要两个内侍搀扶才能行动，而且也总是跌跌撞撞，对于一生嗜武的成祖来讲，他并不喜欢这个看起来蠢蠢的儿子。自古以来，外貌对人来说意义非凡，长得帅往往升官更容易。古代选官一般也要求五官周正，看着顺眼。朱高炽因为长得丑，差点丢了皇位。

朱高炽能够跌跌撞撞登上皇位，是因为他仁爱、儒雅，深得文臣们的拥戴。而且他是太祖皇帝亲自为朱棣选择的燕世子，是皇位的合法继承人，这一点至关重要。虽然朱棣喜欢次子朱高煦，他不仅性格最像自己，而且武勇英俊，在靖难中立下大功。就成祖本人来讲，他是希望立朱高煦的，他觉得朱高炽过于仁弱，将来会遭人胁迫。但是最终成祖还是立了朱高炽为太子，因为文臣的力量实在太大了。在和平时期，掌握了文臣就相当于掌握了国家，武将的笨嘴拙舌怎么也抵不上文臣的笔和嘴。而且朱高炽作为世子的时候确实没有什么重大的错误，因此废之无名。

靖难之役爆发以后，朱高炽曾与母亲徐氏成功地阻挡了李景隆的五十万大军，保住了朱棣的大后方北京城。试想，朱棣的老巢一旦被端，燕军就会成为一支流寇队伍，很容易被正规军击溃。因此，这一战役对整个靖难都具有极其重要的意义，这是朱高炽在靖难中最耀眼的一笔。此后由于他身体肥胖，不便随军作战，因此成祖将他留在后方，这样皇二子朱高煦就走上了前台。

朱高煦与成祖颇有几分相像，而且作战勇猛，在武将中威信很高。在战斗中他曾多次救成祖于危难之际，成祖也曾许愿说："你大哥多病，将来皇位必将是你的。"听了这话，朱高煦的热情更加高涨，在整个靖难中立下了非常大的功劳。

朱高煦一直对父亲的承诺念念不忘，直到朱棣宣布太子为自己的兄长，他仍不死心，迟迟不肯就藩，留在京城伺机行动。朱高煦深恨阻碍自己登上太子位的文人，尤其是立储的第一功臣解缙。朱高煦不停地在朱棣耳边说解缙的坏话，使得解缙因小事遭到贬黜，几年之后又惨遭杀害。朱高煦有样学样，私养了许多武士以图谋不轨。不过朱高煦并没有父亲那么深沉老练，属于志大才疏的类型。

在太子方面，有老谋深算的杨士奇和沉静果敢的徐皇后为太子撑腰，这二人说服了朱棣削夺了朱高煦的部分护卫，强令他就藩乐安。高煦与高炽之争才算暂时告一段落。谁知半路又杀出个程咬金，皇三子朱高燧也在暗中盘算着太子位，表面上和朱高炽打得火热，背地里却不停地搞些小动作陷害太子。在成祖得病期间，朱高燧曾密谋杀死成祖，然后矫诏即位，幸得有人告密，一场灾难才没有降临，事后，由于朱高炽为朱高燧求情，成祖才没有追究朱高燧。此事过后，太子的仁厚更得到文臣们的赞赏，地位反而更加稳固。

永乐二十二年（1424）七月十八日，65岁的永乐皇帝在北征返京的途中病逝。英国公张辅、阁臣杨荣为了避免朱高煦、朱高燧趁机作乱，因此秘不发丧，将军中的漆器融成一口大棺材，将成祖的遗体装入棺材中。每日还是照例进餐、请安，只是皇帝的车帘再也没有掀开，皇帝也再没有说话，军中一切如常。同时，派杨荣与太监海寿进京密报，朱高炽得知后立即派儿子朱瞻基出京迎丧。由于大臣们的精心安排，总算没有爆发什么叛乱，政权得以平稳过渡。

朱高炽能够顺利登上皇位一方面受益于祖父，另一方面还在于他生了一个聪明机灵的儿子。朱高炽的儿子朱瞻基深得朱棣的喜爱，著名的文臣解缙曾经以"好圣孙"来说服成祖，成祖终于下定了决心。这与清代雍正皇帝的即位有异曲同工之妙。

洪武三十一年（1398）二月初九日，朱瞻基出生在北平。在他出生的前夕，他的祖父燕王朱棣做了一个梦，梦中太祖朱元璋授予他大圭，上面写着"传之子孙，永世其昌"字样。圭，是古代帝王贵族在举行典礼时用的一种玉器。成祖认为这个梦有特别的寓意，是个吉兆。在朱瞻基满月的时候，朱棣看到他满面英气，与自己梦中见到的样子十分相像，非常高兴，对他也是特别的宠爱。

朱棣夺得天下后在南京登基，朱瞻基随祖母离开北京也来到了南京。祖父朱棣和祖母徐氏非常钟爱这个皇孙，对他的教育颇为用心。朱瞻基自幼聪慧，喜好读书。永乐五年（1407）四月，他到了出阁读书的年纪，成祖特命靖难之役的第一功臣姚广孝为之讲习经书。

姚广孝14岁出家为僧，法名道衍，向道士席应真学习阴阳术数之学，熟读诗书，诗文俱佳。后来云游嵩山时，著名相士袁珙（gǒng）看到他十分诧异，说他将来一定是辅佐帝王的人物。姚广孝听了非常高兴，立志要做一番事业。因马皇后病逝，朱元璋择高僧入藩王府为马皇后诵经祈福。姚广孝因此得以入燕王府，为朱棣所知。他密劝朱棣举兵，并在靖难之役中屡出奇策，为朱棣夺得江山立下卓越功勋。朱棣对他十分敬重，恢复他的姓，赐名广孝，不直呼其名而尊称为少师。朱棣让他蓄发还俗，他不肯；赐给他府邸和两名宫人，他拒不接受。上朝的时候他穿上官服，下朝后就换上袈裟，居住在寺庙中。当永乐十六年（1418）他病情危重时，成祖亲自到他居住的庆寿寺看望他，相谈甚欢。病逝后，成祖辍朝两日，亲自为他的神道碑书写碑文，记述他的功绩。

朱棣以自己最为信任的大臣来辅导朱瞻基，可见对他的重视。朱瞻基也没有辜负祖父的期望，学习刻苦，加之天资聪颖，过目不忘，深得祖父的欢心，为父亲荣登大宝添上重重的砝码。有一次，成祖朱棣命太子朱高炽和汉王朱高煦、赵王朱高燧拜谒太祖朱元璋的孝陵，朱瞻基随往。太子朱高炽身体肥胖，还有脚疾，行走不便，由两个太监搀扶仍然踉跄。朱高煦在后面看见，故意在众大臣面前羞辱太子说"前人蹉跌，后人知警"。没想到年幼的朱瞻基在后面随即反驳，"更有后人知警也"，顷刻之间为父亲解围。朱高煦回头看到朱瞻基，意识到在争夺储位的道路上朱瞻基也是不可忽视的力量。

朱高炽即位后，改元洪熙，开始了一系列的改革措施。他废除了古代的宫刑；停止劳民伤财的宝船下西洋；停止了皇家的采办珠宝，以减轻百姓的负担。洪熙期间，人民得到了充分的休养生息，生产力得到了空前的发展，明朝进入了一个相对稳定、强盛的时期，是史称"仁宣之治"的开端。明仁宗时期值得称道的还有许多冤案在此时得以昭雪，如建文朝忠臣方孝孺的冤案、永乐朝解缙的冤案都在这一时期得到平反。

不过明仁宗并不是一个十分完美的皇帝，他是一个十足的好色之徒。根据古代礼制，父母丧期，不得进行男女之事，尤其是万民之表的皇帝，尤其要避讳，免得落下纵欲无度的坏名声。仁宗才不管这一套，母丧期间，也不知节制。有好事的大臣李时勉上书劝诫，反而被打入大牢。俗话说听人劝，吃饱饭。明仁宗不听大臣劝诫，终因纵欲过度，在四十七岁的壮年因心脏病发作走上黄泉路。他的子孙们都以他为榜样，在沉迷女色、聚敛财物方面当仁不让。

楚王好细腰，国中多饿死：

促织皇帝之谜

明宣宗朱瞻基有一种特别的爱好，喜欢斗蟋蟀。因此斗蟋蟀在全国风行起来，蟋蟀的价格扶摇直上。朱瞻基对斗蟋蟀达到了痴迷的程度，即位之后，他经常派宦官选取上好的蟋蟀送到宫里。后来他觉得北京的蟋蟀不好，就让各地采办上等蟋蟀来京。地方官员为了取悦他，都变本加厉地下达任务，一度给百姓造成了很大的负担，弄得鸡犬不宁。朱瞻基因此被百姓们称为"促织天子""促织皇帝"。

蒲松龄的《促织》就是以明宣宗年间为背景展开的。小说开端讲的是一个迂讷的"落榜生"成名被里胥陷害，担当征收促织的差使而导致家产散尽，没有财产可以抵偿，既不敢"敛户口"，去抓蟋蟀又抓不到。走投无路之际，妻子求神拜佛，捉到一只小虫，举家庆贺。谁料天有不测风云，人有旦夕祸福，幼子打开养蟋蟀的盆子，不小心弄死虫子。小孩因此投井，成名一家愁云惨淡，不胜悲戚。然而天无绝人之路，一只颇为神勇的蟋蟀从天而降，帮助成名交差，还勇斗"蟹壳青"，击败大健鸡，此后直捣皇宫，力战群雄。成名借一虫之助，田产百顷，楼阁万椽，牛羊成群，转眼即成富豪。

明仁宣年间，号称治世，仍不免有家庭因小小的蟋蟀家破人亡。蒲松龄虽然是清朝人，抨击的是当时的政治，但毕竟离前朝不远，文中所言虽为小说家语，恐怕与当时的实情是八九不离十。"楚王好细腰，国中多饿死。"王权时代，帝王的个人爱好绝对关乎国计民生。那么这位促织皇帝明宣宗究竟是怎样一位皇帝，对他的功过是非又该如何评判呢？

明宣宗朱瞻基（1398～1435）是明朝历史上第五位皇帝，明仁宗朱高炽长子，3岁时就被立为皇太孙，确立了储君地位。洪熙元年（1425）五月，朱高炽因纵欲过度一命呜呼，朱瞻基即皇帝位，年号宣德，是年27岁。明宣宗在位仅有10年时间，但却是明朝历史上著名的守成之君。所谓矮子里面拔大个儿，虽然明宣宗并不能算十分出色的皇帝，但比其他明朝皇帝，还是略胜一筹。

朱瞻基出生于洪武三十一年（1398年）二月，自幼聪慧，喜好读书，深得明成祖朱棣的宠爱。永乐十一年（1413）端午节，宫中射柳时，朱瞻基再次给父亲脸上增了不少光彩。在首先进行的射箭比赛中，他从众多皇子皇孙中脱颖而出，屡射屡中。其后的文学考试，又拔头筹。祖父刚刚说了上联"万方玉帛风云会"时，小小年纪的皇太孙立即叩头对道："一统山河日月明"，引来一片叫好之声，朱棣对这个聪颖过人的孙子非常满意。

在朱瞻基的成长过程中，也有锻炼与拼争。朱棣一心想把这个皇太孙培养成同自己一样追求文治武功的开拓之君。永乐中期以后，朱棣远征漠北，总是将朱瞻基带在身边，让他了解如何带兵打仗，锻炼他的勇气；每次远征归来经过农家，朱棣都要带朱瞻基到农家看看，让皇太孙了解农家的艰辛。

洪熙元年（1425）五月，明仁宗朱高炽病逝。朱瞻基即位，其时正值壮年，精力充沛，又有一定的治国经验，且可以不用像他的父亲那样在太子的位置上苦苦等待20年之久，可谓恰得其时。朱高炽病逝时，朱瞻基正在南京，当日就动身北归。途中，听说他的皇叔汉王朱高煦要在半途截杀他，然后自立为帝。左右都劝他整顿兵马以作防范。朱瞻基说："君父在上，谁敢如此胆大妄为？"话虽如此，朱瞻基不敢怠慢，日夜兼程赶到北京，布置一切。

当时朱高煦没有料到朱瞻基会来得如此之快。回到北京之后,朱瞻基一方面妥善处理了父皇的后事,另一方面加强北京城的戒备,防止有人伺机作乱,然后从容登基,改年号为宣德,开始了他的帝王生涯。

朱瞻基登基之后,摆在他面前最大的问题依然是太祖皇帝朱元璋留下的外藩问题。这个问题在建文、永乐、洪熙三朝都没有得到根本解决,直到宣宗平定朱高煦叛乱之后,外藩问题才算初步解决。

朱瞻基即位之后,首先着手整顿军务。他知道叔叔朱高煦一直觊觎帝位,在靖难之役中就战功赫赫,很会带兵,实为心腹大患。另一方面,他知道朱高煦心浮气躁,只要以静制动,朱高煦就不能成大气候。

回头再说朱高煦,他在永乐朝被封乐安之后,就从没有放弃武力夺取政权的野心。现在,机会终于来了。朱高炽病逝,年轻的朱瞻基即位,国家动荡,正是好时机。朱高煦也想像父亲一样扯起"清君侧"的大旗,干掉侄子,坐上皇帝宝座。可惜时移事易,朱高煦的行动并不顺利。

早已准备就绪的朱瞻基在大臣杨荣的建议下御驾亲征,在声势上一下子就压倒了叛军,以前同意与朱高煦共同起兵的几路兵马都按兵不动,明军很快就包围了乐安城。见大势已去,朱高煦只得弃城投降,战役以明军的大获全胜、生擒朱高煦而告终。群臣都劝朱瞻基将朱高煦正法,朱瞻基念其是藩王网开一面,没有杀他,而是将他废为庶人,软禁在西安门内逍遥城。得胜回京后,朱瞻基马上传诏给另外一个皇叔赵王朱高燧,暗示他交出兵权。朱高燧并没有反抗,乖乖地交出了三卫兵马。就这样,明初近半个世纪的藩王问题在宣德朝终于得到了解决。

宣宗朝的另一项军事举措是平定安南(今越南北部)。早在朱棣时期,安南由于内部的争斗,一片混乱。朱棣派大将张辅率兵平叛,并在安南正式建衙，派人管理。朱瞻基即位时，安南问题日趋严重，朝廷军队不断在安南遭遇败绩。在这种情况下，他毅然决定议和，放弃对安南的占领。这在当时曾经引起了不小的争议，但从长远来看，此举减轻了人民负担，节省了大批人力财力，也利于安南与中国各族人民的交往。

朱瞻基在国事上能尽职尽责，在家庭方面则颇受后人诟病。主要原因是朱瞻基因宠爱贵妃孙氏，而对正妻胡氏过于薄凉。朱瞻基的正宫皇后胡氏，举止得体，贤良温淑，除了未能生育，基本没犯什么大错。与贤妻良母型的胡氏相比，朱瞻基更喜欢美貌的贵妃孙氏，孙氏 10 岁时，经朱瞻基母亲张太后等人向明成祖朱棣推荐，选入内宫抚养。孙氏虽出身低下，但面貌姣好，聪明伶俐，深得朱瞻基的宠爱。

朱瞻基一直不喜欢胡皇后，又受了枕边风的鼓捣，不时生出更立孙贵妃为皇后的念头。只是胡皇后贤明，没有什么过错，找不到合适的借口。据说孙贵妃为达到自己的目的，想出了一条偷梁换柱的计策，派人在宫中四处打探，看哪位宫女被皇帝临幸后怀有身孕，将找到的宫女藏在密室之中，与外界隔绝，派专人送饭、照看。然后买通御医，对外号称自己怀孕，并伪装了许多怀孕的迹象。由于当时孙贵妃深得朱瞻基宠爱，因此无人敢透露半点风声，就这样十月怀胎，宫女顺利产下一子（即日后的英宗），孙贵妃马上派人将孩子抱到自己身边，并秘密处死了宫女，如此瞒天过海，以邀名分。试想，如果没有皇帝撑腰，宫中人多眼杂，难保没有露馅的危险。只有在宣宗的默许下，这出李代桃僵的闹剧才能进行下去。若说明宣宗不知此事的究竟，谁能相信？

孙贵妃顺利"生"下皇子朱祁镇，使朱瞻基更立皇后多了一条借口。在朱祁镇出生后不久，就有大臣上表请求立他为皇太子。胡皇后心知肚明，皇帝一心一意要把自己搞下去，赖着后位也没意思，不如以退为进，还能捞个好名声，于是她主动表示应早立皇太子。其实，按照当时的嫡长子继承制，皇后亲生的儿子才是最佳人选。此时虽然胡皇后没有子嗣，但毕竟年轻，或许日后会有皇子。因此立朱祁镇为皇太子，明显有些操之过急。

孙贵妃自然也要做戏，假意推辞，说等皇后身体恢复后定会有儿子，自己的儿子不敢先于皇后之子成为太子。然而朱瞻基却不愿意等。宣德三年（1428）二月，朱瞻基册立尚不满三个月的朱祁镇为皇太子，是明代册立太子时年龄最小的。三月，又发布敕书，废胡皇后，立孙贵妃为皇后。对于胡皇后无故被废，时人听说后都很不理解，议论纷纷，非常同情胡皇后。几年后，朱瞻基颇生悔意，曾说过"此朕少年事"，算是自我解嘲吧。

也许是忙于歌舞升平，声色享乐，宣德十年（1435）正月，朱瞻基染上不明之症。病危之时命左右起草遗诏，由太子继位，所有军国大事均须禀告太后方能决定。不久死于乾德宫，终年 38 岁，可谓英年早逝。朱瞻基死后，被谥为孝章皇帝，庙号宣宗。

一个官吏和一座城市的缘分：

况钟苏州连任之谜

说到明初仁宣朝著名清官况钟，人们就会想到清代剧作家朱素臣的名剧《十五贯》。况钟只是明朝无数官员中的一个正四品的苏州知府，但是《明实录》中有他的记载，《明史》中有他的传记，而他的事迹更是散见于当时的各种笔记杂谈。由此可见，况钟在明朝有很大的影响。《十五贯》又名《双熊记》，情节大致是：有一对姓熊的兄弟，家境贫寒，兄友兰为船工，弟友蕙在家读书。因家中鼠患厉害，弟弟在饼中投药灭鼠，老鼠却将饼衔到邻居家，又将邻居家的金环衔来熊家。友蕙正愁无米下锅，即用金环去换米，邻居却因吃饼中毒而死。衙门以金环为证，认定熊友蕙与邻居童养媳侯三姑有奸情，故合谋杀其夫，要将二人问斩。熊友兰闻讯，立刻借十五贯钱前去营救。有一屠户尤葫芦也借钱十五贯回家，养女苏戌娟问哪来的钱，尤葫芦戏说是她的卖身钱。苏戌娟惊惧之余，逃出家门，偶遇熊友兰，结伴而行。不巧，窃贼娄阿鼠潜入尤家，杀了尤葫芦，偷走十五贯钱。案发后，问官以友兰所带的十五贯钱为证，断定是熊、苏二人杀人盗钱而私奔，也问死罪。苏州府知府况钟奉命监斩，临刑四人均高呼冤枉。况钟觉得有疑窦，临时决定停斩。后况钟亲自勘查现场，在鼠穴中发现面饼。又微服查访，抓住真凶娄阿鼠。四人的冤情得以大白，均告无罪，最后还成全了两对好姻缘。

朱素臣版《十五贯》中况钟具有"君轻民贵"的思想，所以当犯人在刑场赴冤时他能发现疑点。但过问案情超出了他的职权范围，况且已经三审定案，能否昭雪很成问题，所以他不免犹豫。但看着犯人的冤苦，他又觉得不可草率判斩，"这支笔，千斤重，一落下，丧二命！既然知，冤情在，就应该，判断明。错杀人，怎算得为官清？"终于冒着丢官的危险，下定决心来翻案。

在这部戏里，况钟重视分析案情的细节，注意调查研究，明察秋毫，不错杀好人，也不放过真凶，是传统上为民申冤的清官的典型形象。朱素臣根据清初百姓对况钟的敬仰和爱戴之情，结合民间的一些传说编写了传奇《十五贯》，并很快在民间广泛流传开来。那么，历史上的况钟究竟是个什么样的人，他是否真的断过"十五贯"这个案子呢？

况钟（1383~1443），字伯律，洪武十六年（1383）生于江西靖安县的龙冈洲。况钟的父亲曾过继给黄胜祖为养子，小时候随黄姓，名黄仲谦。后来他育有两子，长子黄钟，即后来的况钟，次子黄镛。直到47岁那年，他才恢复原姓，称况钟。

况钟自幼就很聪明，对书法很感兴趣，曾经刻苦练习，擅长书写正楷、隶书、行书等各种字体。明代是科举制度兴盛的时期，要想做官，尤其是做大官，就必须通过科举正途。所以，绝大多数的学子不畏寒窗苦读，一考再考，为的就是一朝高中，仕途腾达。其实，在明代初期，科举并不是官员们的必经之路。当时，朝廷所实行的人事制度有个显著特点，就是三途并用。所谓"三途"，是指进士、科贡和吏员。科贡和吏员可以跟进士一样在仕途上发展，这样就大大拓展了朝廷选拔官员的范围，同时也给很多青年才俊提供了更多的机会。况钟就是三途并用制度的受惠者之一。

况钟原本会按照父母的愿望刻苦读书，获取功名。但在永乐四年（1406），靖安县新来的知县俞益却改变了况钟的人生道路。当时，俞益需要一个精通文理、能干练达的书吏，千挑万选，选中了况钟。从此况钟放下书本，跟随俞益做了一名书吏。9年后，正逢吏部的考绩之期，俞益向当时的礼部尚书吕震推荐况钟。一见之下，况钟给吕震留下了很好的印象。当时正逢成祖朱棣广揽人才，吕震就在成祖面前推荐况钟。朱棣特意召见了况钟，觉得他是个人才，就在永乐十三年（1415）九月，任况钟为正六品的礼部仪制司主事。成祖朱棣虽然广揽人才，但是他对书吏却抱有很大的偏见。他曾说："若刀笔吏，知利不知义，知刻薄不知大体，用之任风纪，使人轻视朝廷。"况钟书吏起家，能被皇帝直接任命为正六品的官员，可见况钟很得成祖的赏识。

成祖朱棣以暴戾著称，在他的身边任职，必须小心谨慎。自永乐十三年况钟任礼部仪制司主事起，直至永乐二十二年（1424）成祖朱棣去世，况钟前后共得到皇帝三十一次嘉奖。由此可见，况钟不但殷勤能干，而且非常聪明灵敏，因为唯有如此才能在皇帝身边从容自若。仁宗朱高炽登基即位后，擢升况钟为正四品的礼部仪制司郎中。

明代以来，苏州府的人口和税粮超过当时的全国任何一个府。宣德三年（1428），宣宗曾就苏州府知府的人选关照吏部："苏州府是大郡，公务繁重，赶紧物色廉洁奉公、有才能者出任知府，贪污暴虐、残害百姓的人不能任用。"宣德五年（1430），况钟外放到全国最富庶的苏州府任知府。

同年七月，况钟到苏州就任。况钟本人吏员出身，深知吏治积弊。因此，他先从整顿吏治入手。苏州府赋役繁重，胥吏多是奸猾之徒，最为难治。况钟到任之初，不动声色，暗中对属吏进行考察。起先况钟假装对政务不懂以迷惑左右，遇事都询问左右，大都按照这些属吏的意思进行办理。这些属吏非常高兴，以为新来的知府是个屡头，糊涂可欺。不多久，况钟召集群吏，严厉地责问他们说："先前该做某事，你们百般阻挠；有的事不该做，你们又强迫我做。你们贪赃枉法，欺上瞒下，罪当死。"那些不把况钟放在眼里的属吏大惊失色，况钟不慌不忙地宣布他们贪赃枉法的罪证，并将其中情节特别严重的几个人立刻处死。这些属吏看见况钟做事坚决果断，而且老谋深算，从此收起轻慢的心思，再不敢冒犯这位新来的知府大人。随后，况钟又裁撤了一大批平庸无能的属官，还惩治了一批犯有贪污罪的官员。当况钟把贪污犯和赃款押解进京时，宣宗对众臣说："知府是一郡的表率，身体力行必定从廉洁奉公开始。况钟肯定是廉洁的人，廉洁之后才能去贪。知府能去贪，则贪官一定会有所收敛!"果然，通过况钟的整治，苏州府的坏风气得以扭转，吏治逐渐清明，百姓也大多遵纪守法了。

明代在军事要塞上都设有卫所，在苏州府范围内就有多个，每个卫所辖士兵数千人。按照规定，这些士兵都是世籍，子孙相袭。宣德三年（1428），朝廷派御史李立到苏州府等四府来清理军籍。李立为了向朝廷邀功，将很多非军籍的百姓冒定为军籍，甚至闹出了人命。苏州府同知张徽与李立狼狈为奸，激起很大的民怨。况钟到任后，不断有人申说此事。况钟经过仔细核查，将李立、张徽等人的罪行上报给朝廷。宣宗很震动，特命人复查，免除了苏州府内160多人的军籍，并核定1420人充任军籍只限于自身，其子孙复归民籍。况钟也采取措施，杜绝清理军籍过程中存在的欺瞒现象。

明初朱元璋深恨苏州人民帮助张士诚守城，于是就对苏州府收重税。当时户部有些官员也认为苏州府的土地较其他地区肥沃，所以有意让苏州府承担更多的国家财政支出。比如，当时苏州府负担的夏税秋粮有281万石，而全国的夏税秋粮总数才为3000万石左右，耕地面积只占全国耕地面积的1.1%的苏州府，却要承担全国税赋的9.4%。况钟到任后，苏州府拖欠赋税已有 4 年。况钟见苏州百姓因不堪重税背井离乡，多次上奏疏请求核减苏州府重赋，提出核减官田税粮共计 72 万多石的方案。可是户部认为核减数额过大，会对朝廷的财政收支产生影响，没有批准。之后，况钟针对昆山县大面积无人耕种而抛荒的田地请求豁免秋粮；该县沿河滨海的田地已经被水淹灌、无法种植的这部分，况钟也请求豁免，两项合计近 15 万石，户部仍是批驳不准。为核减本地的税粮，况钟进行了艰苦的努力。直至宣德七年（1432），宣宗亲自过问核减官田税粮的事，况钟的请求才在户部获得通过。这样就大大减轻了苏州府百姓的负担，使百姓能够安居乐业。为了杜绝税粮交纳时收粮官吏盘剥粮户，况钟制定了严格而统一的收粮办法：各仓库用的簿子要编号，还要填明发给的日期，不许涂改，一式三份，便于查核，明确责任。他的建议被朝廷采纳，使税粮征收过程中出现的弄虚作假、侵吞税粮的现象大为减少。

苏州府虽是个富庶的地方，但也因此比别处承担了更多的苛捐杂税，其中尤以"备倭船只""粮运船只"和"借马"三项贻害最大。

苏州府距海岸不远，易受海盗骚扰，附近的守兵卫所常备 40 多只船来防海患。实际上，这些船只已经多年不用了。可是，卫所的官军们为了捞钱，以修缮费用为名，对当地百姓故意刁难，百般勒索。况钟上疏朝廷，揭发官兵的种种敲诈勒索行为，并请求朝廷停止这种科派。朝廷准许了况钟的请求，为苏州府的百姓减去一项沉重的负担。

"粮运船只"指的是由苏州府七县每年抽调一批船只以供粮运，原本只是个临时性的措施，后来却一直沿袭下来。况钟上疏指出，原本"不为常例"的事情是不应该每年都有的，应该停止，因此也获得朝廷的批准。

至于"借马"，更是多年前的陋规。洪武、永乐年间，江北诸驿马匹短缺，朝廷下令苏州府暂借马匹给江北饲养，前后有 400 多匹，说好 3 年为期归还，没想到过了 30 多年，不但没有还马，马匹如有死亡的，原出借者还要再购买补齐。况钟上奏朝廷要求江北驿站归还苏州府的马匹。直到两年后的宣德七年（1432），这段拖了 30 年的差事才算完结。苏州府收回了借出的马匹，同时使苏州府的百姓减去了一项沉重的负担。

此外，况钟还驳回了许多不合理的摊派，如工部曾经征派三梭布 800 匹，分配的标准很不公平，浙江省十一府只派布 100 匹，而苏州一府却要负担 700 匹。况钟为此上疏据理力争，为苏州府的百姓减轻负担。

况钟这些举措很得民心。苏州府百姓都很爱戴他，称他为"况青天"。宣德六年（1431）三月，况钟因母丧回原籍守制。况钟离任后，苏州的百姓十分怀念他，曾作歌谣唱道：

况太守，民父母。
愿复来，养童叟。

况钟离开后不久，苏州府百姓 3 万多人联名向朝廷上书，请求朝廷让况钟回到苏州任职。宣宗朱瞻基应百姓的请求，决定对况钟夺情（指官员服丧未满而被朝廷强命任职），让他回苏州府知府任上。

宣德七年四月，苏州府连降暴雨，大水淹没 7000 多顷良田，大片的房屋、堤岸倒塌，灾情十分严重。况钟一面和各县官员组织救灾，一面向朝廷上报苏州府的灾情，同时也要求朝廷派人对苏州地区的水利进行调查，以便疏浚。

朝廷任命江南巡抚周忱同况钟一起对苏州地区的水利进行疏浚。况钟认真负责，经常亲自到工地察看。苏州府区域内，河港湖泊密布，滨河滨湖的圩田地势低洼，而且面积太大，每个圩差不多三四千亩到六七千亩，车水灌田十分困难。针对这种情况，况钟命人将圩田都改小到 500 亩左右，圩旁开一道水渠，和河道相通，这样在圩田里抗旱排涝就都容易多了。从此，苏州地区的旱涝灾情大大减少。

虽然这年春天苏州府发生了比较大的水灾，但由于及时疏浚了苏州城中的河道，当年苏松等地的秋粮并没有受到太大的影响，还建成了济农仓。济农仓的存粮最多时曾经达到过 690 万石。宣德八年（1433），苏州府发生了大面积的旱灾，130 多万人受灾，济农仓发挥了很大的作用。宣德九年（1434），苏州府又一次发生了严重的旱灾，由于济农仓存粮充足，受灾百姓都得到了救济。

济农仓能发挥较好的作用，和况钟的有效管理是分不开的。况钟做事有条不紊，特别制定了仓粮支拨管理的标准，对借贷的条件、数目，都有明确的规定。后来苏州府所属各县也都建立了县级的济农仓。况钟在苏州府知府的任上长达 13 年，虽然期间苏州地区发生了各种灾情，但是灾民没有饿死的，苏州地区也一直比较安定。

况钟是书吏出身，很重视修建学校、培养人才。苏州府所属各县的学校大都狭窄阴暗，容纳不了多少生员。宣德九年，况钟自己筹集经费，没有向百姓摊派任何费用，仅用半年时间，就重新选址将吴县的官学重建起来。新建后的学校规模比原来大很多，教学条件大为改善，共有房间 230 多间。朝廷重臣杨荣亲自作《吴县儒学重建记》，以示纪念。从正统初年（1436）起，况钟进一步扩大本地教育规模，建成后房间数百间。从此，府、县的生员们有了更为良好的读书条件。

况钟对读书人也多礼让，从不以高官自居。他设立助学金，资助那些家境贫困的书生；向朝廷举荐那些才学优长、行为端方的青年儒生。其中有一个叫邹亮的儒生，很有才学，有人出于嫉妒，写了一封诋毁邹亮的匿名信。

况钟不为所动，仍然写了奏章，向朝廷推荐邹亮。邹亮果然是个人才，不负所望，从九品的吏部司务做起，后来累官至监察御史。

正统四年（1439），况钟任苏州府知府已经 9 年，应任满离苏。况钟在两任苏州府期间，实心任事，为百姓排忧解难。上至朝廷，下至百姓，大家对况钟的政绩都给予了很高的评价。况钟对此甚感欣慰。他对苏州府的百姓有着非常浓厚的感情，临行前感慨万千，赋诗道：

　　　　清风两袖朝天去，不带江南一寸棉。

　　　　惭愧士民相饯送，马前洒酒注如泉。

又云：

　　　　父老牵衣话别间，空烦扶杖出重关。

　　　　相逢知是何年事，珍重无忘稼穑艰。

在况钟任满离苏赴京之后，苏州府的百姓又一次联名上书，请求让况钟连任苏州府知府。次年正月皇帝下旨，命况钟"升按察使正三品职俸，署苏州府事"。这是自明朝建国 70 余年来所没有的规格和礼遇，是皇帝对况钟卓著政绩和良好操守的褒奖。苏州府本来就是个富庶的地方，再经过况钟多年精心治理，更是呈现出吏治清明、物丰民富的大好局面。况钟三任苏州府期间，按章办事，将他所开拓的良好局面一直保持下来。

正统七年（1442）十二月，况钟卒于任上，终年 61 岁，在苏州府知府任上长达 13 年。

大概是因为况钟能干练达又清正廉洁，所以受到百姓们的爱戴，才附会出况钟巧断"十五贯"命案的故事。在《太守列传编年》（太守即指况钟）一书中，只是粗略介绍"有熊友兰、熊友蕙兄弟冤狱，公为雪之"，没有举出任何史料以证明况钟确实断过"十五贯"疑案。

联系明朝当时的实际情况，故事中的主要情节与现实是不符合的。熊家兄弟是在无锡县被判死刑、经过常州府复审的人犯，是不大可能到苏州府来问斩的，更不可能由苏州府知府况钟来监斩。

以此看来，《十五贯》传奇有可能是从艺术创作的角度出发，结合历史素材，采集部分民间传说，综合整理而成的，历史上的况钟与这个传奇没有必然的联系。那为什么传奇中要塑造况钟这么一个清官、好官的形象呢？

这还要与明清两朝的吏治环境结合起来看。况钟三任苏州府知府，为官清正，颇有政绩，被百姓称为"况青天"。明末吏治腐败，积重难返，百姓在贫困中挣扎，他们都渴望能够过上安定富足的生活。等到改朝换代，成了大清国的子民，他们仍然生活在水深火热之中。朱素臣的《十五贯》传奇自一问世，便广为流传，就表明了百姓在政治腐败的环境中对清官的渴望。他们希望出现能够为民申冤、能让百姓过上好日子的好官。百姓将美好的愿望通过戏剧的形式寄予况钟。

当然，况钟也给苏州这座城市留下许多的历史记忆。位于苏州西美巷的况公祠，就是供人瞻仰和凭吊这个550多年前的清官、好官的历史文化遗迹。

借腹生子宫廷版：

英宗生母之谜

英宗朱祁镇，是明朝开国以来的第六位皇帝，生于宣德二年（1427）十一月十一日。他9岁登基，是明朝第一位儿童皇帝，明代宦官擅权也是从英宗重用王振开始。终其一生，英宗都有十分强烈的依赖心理，这可能与他的身世有关。英宗名义上的母亲孙太后并非他的生母，英宗生母是谁，不但今人无从考证，恐怕英宗本人也不明。那么为什么英宗的养母孙贵妃当年要处心积虑地霸占别人的儿子呢？这件事对英宗朝的政治有哪些影响，都要从明初的殉葬制度说起。

明朝初年的后宫争夺，可以算是中国历代后宫争宠中最"生死攸关"的，也最为惨烈。因为明太祖朱元璋时期就有野蛮的"宫妃殉葬"旧例。根据习惯，一旦皇帝归天，他成群的妻妾中，除了嫡妻皇后和太子生母，其他妃嫔都要为死去的皇帝陪葬，有的宫人进宫还不到几个月，就因为皇帝殡天做了冤魂。所谓上行下效，宫中流行什么，民间也会跟风。诸王大臣也纷纷学样，甚至于有嫡妻都去殉葬的（秦愍王妃、郢靖王妃、唐靖王妃、卫恭王妃……）。后来英宗死前做了件好事，那就是废除了殉葬制度，从此皇室贵戚的妻妾不再殉葬，然而此风却已经在民间愈演愈烈难以遏止，数不清的"烈女"都因此失去了生命。

在明初，后宫女子如果不是皇后或皇太子的母亲，很难逃脱被杀的命运，这也就是孙贵妃日夜不安、非要抢夺别人之子的重要原因。成祖朱棣和仁宗朱高炽去世后，后宫妃嫔殉葬的惨景仍历历在目。兔死狐悲，如果没有太子，又不是皇后，就算生了皇子皇女，也未必保得住性命。典型的例子是宣宗的庶母之一，仁宗的郭贵妃。

郭贵妃不但是仁宗一朝地位仅次于皇后的女人，更是三位亲王（滕怀王、梁庄王、卫恭王）的亲生母亲，但因为她的儿子都不是继承皇位的太子，也被殉葬了。史书上称其"衔上恩，自裁以从天上耶！是焉，非焉？"郭氏的选择到底有几分是情愿，有几分是身不由己？郭贵妃共生了三个亲王，却还不如一个刚刚被册封的张敬妃，她因为是"荣忠显王之孙，今太师荣国公辅之女"，由于"祖父勋旧特恩"，所以"不必从殉"。事情真的这么简单？

事实上，殉葬的人选多半是宫廷斗争中的失利者，尤其是那些被皇帝恩宠的妃子，皇帝生前越受宠，被杀的可能性越大。仁宗郭贵妃被殉葬，恐怕也是由于她在皇帝生前过于得宠，引致仁宗张皇后在丈夫死后清算老账的结果。宣宗的孙贵妃一门心思地想生太子做皇后，只怕也跟这位张太后收拾郭贵妃的可怕前例不无关系。

由此可见，宣宗时期孙贵妃想方设法盗子封后，其实都可以说是无奈之举。孙贵妃的折腾不仅仅是因为冰冷无情的殉葬制度，而且也与宣宗的婚姻有关。

孙氏原籍邹平，父亲孙忠任永城主簿，她的幼年是在永城度过的。孙氏天生丽质，聪明伶俐，名动一时，被仁宗张皇后（这时还只是太子妃）的母亲彭城伯夫人看重，带到京城。成祖对小孙氏确实非常满意，只是鉴于她的年龄太小，成祖便做出了将她"养于宫中"等待成年的决定。小孙氏从此成为仁宗张皇后的养女，与自己未来的丈夫宣宗朱瞻基一起长大。

永乐十五年（1417），朱瞻基已经19岁了，孙氏也长大成人。几年来两人如同兄妹一样青梅竹马，都认定自己将要与对方结为夫妻。然而事情却在这时候出了岔子。明成祖忽然决定要另行为孙子朱瞻基选妃。晚年脾气越来越古怪的老皇帝所做的决定，某种意义上成为未来英宗生母悲剧人生的重要原因。

经过一番挑选，济宁人胡善祥成为朱瞻基的正妃，而朱瞻基一心想要迎娶的"妹妹"孙氏却只能充当姬妾，成为"皇太孙嫔"。朱棣不愿意让同一个地方出两位皇后，造成外戚坐大的现象。迫于祖父的压力，朱瞻基与胡氏成婚。

宣宗登基后的第二个月，便着手册立皇后。如果按照他自己的心意，当然是要册立孙嫔，然而胡善祥是成祖钦定的太孙妃、仁宗钦定的太子妃，是毋庸置疑的原配嫡妻，宣宗没有别的选择。按照明初的定制，册封皇后时，授皇后以金印金册；皇贵妃以下只有银册印章而没有金宝。然而在册封孙贵妃的时候，宣宗坚决要赌这口气，一定要让孙氏享有与皇后同等的待遇。宣宗的母亲张氏这时已是太后，孙氏自幼由她抚养长大，对于宣宗和孙贵妃之间的情形，再也没有谁比她更清楚的了。这位被称为"女中尧舜"的太后，在理政时恪守先朝规制，但在这件事上终于没有忍心让儿子难过，她答应了宣宗的要求。

于是，大明王朝施行了几十年的舆服规制到这里发生了改变，孙贵妃成为明朝第一位得到金册金宝的皇妃。不过从事情的发展来看，宣宗和孙贵妃真正的愿望以及当务之急，并不是当什么皇贵妃，而是让孙氏成为太子之母，并且正位中宫。

宣宗几乎从不光顾胡皇后，她生育"嫡子"的机会非常渺茫。那么自然应以"庶长子"为未来太子。在这方面母因子贵，万一其他宫人生下了庶长子，那么即使孙贵妃跟着再生10个儿子，也只能被封为亲王。万一宣宗百年之后，胡氏当上太后，孙贵妃极有可能走上前朝郭贵妃的老路。

孙贵妃不是省油的灯，很快就传出了"有孕"的消息。年近 30 的宣宗虽然妻妾成群，却膝下荒凉。孙贵妃虽然专宠，但是也只生了一个女儿常德公主，现在总算又有了身孕，所有的人都盼望她"先开花后结子"，为宣宗生个男孩。问题在于孙贵妃真的怀孕了吗？

宣德二年（1427）十一月，后来的明英宗朱祁镇呱呱坠地，这是宣宗的庶长子，在没有嫡子的情形下他是毋庸置疑的皇位继承人。那位生下皇长子的倒霉女人还没来得及看看自己的孩子，就被神不知鬼不觉地处理掉了。而这个小孩，则被孙贵妃占为己有，成为她获得皇后之位的重要工具。明英宗一出娘胎，只知道孙贵妃是他的母亲。即使他贵为帝王，都再也没有得到过亲生母亲的丝毫消息。到底是谁生下了他？她的结局如何？她是何方人氏？已经没有任何人知道了。

不管怎么样，宣宗终于有了自己的儿子，他的兴奋自不必说。立即就下令大赦天下，免除税赋三分之一。接下来，宣宗决定快刀斩乱麻，立即确定孙贵妃之"子"储君的地位，好让孙贵妃母凭子贵。然而，明初有严格的规制，藩王若想以庶子为世子，必须等到嫡妻年满 50，再也不可能生出嫡子之时，才能以庶长子袭封。当时皇后未满 30，何况这位皇长子又实在太小，册立为太子实在说不过去。

宣宗为了心爱的女人，必然要牺牲其他女人。他来到坤宁宫，暗示胡皇后主动上表请立皇长子为太子。胡皇后就算有多么不痛快、多么不愿意，也不得不主动上表，请求宣宗"早定国本"，尽快册立皇太子。那一厢孙贵妃少不得要做一番表演。她随后也上了一份表章，故意推辞说："皇后无子是因为身体不好，只要病一好，自然能够生下嫡子来。我的儿子怎么能够抢占嫡子的位置呢？"

自然，这一番你推我让的表演看在久历宦海的大臣们的眼里，都知道上面是什么意思。皇帝和皇后都提出要立庶长子，那还有谁敢说不立？于是，见风使舵的群臣们立即联名上表，强烈要求册立皇长子为太子，宣宗"从善如流"地答应皇后和群臣，册立了尚在襁褓中、不知贤愚与否的婴儿为太子。

　　宣德三年（1428）正月，宣宗大祀天地，随之而来的二月初六，他下诏册立皇长子为皇太子。这位皇太子是明朝最小的皇储，入居东宫时虽然号称是"两岁"并且确实过了一个新年，实际上仅有两个月零二十五天的"年纪"。

　　宣德九年（1434）的冬天，宣宗朱瞻基染病卧床，一个多月之后终于不治，于宣德十年（1435）正月初三离开人世，享年仅38岁。宣宗一生，只有两子两女，除了太子朱祁镇，还有吴贤妃为他生下的次子朱祁钰。此外就是孙皇后所生的常德公主和生母不明的顺德公主。宣宗去世之时，太子年仅7周岁（称九岁），皇次子仅6岁。因此他留下了遗言，国事家事均交由母亲张太后决策。

　　宣宗去世后，在张太皇太后的一手操办下，宣宗生前的妃嫔侍姬几乎尽数殉葬，有何贵妃、赵贤妃、吴惠妃、焦淑妃、曹敬妃、徐顺妃、袁丽妃、诸淑妃、李充妃、何成妃。除了这十名得到了封号的正式妃嫔之外，曾经侍寝而无子女的宫人也不在少数。妃嫔也好，宫人也罢，总之，这些美丽的冤魂之中，到底谁是英宗的母亲？这只能是一个永远的秘密了。只有胡废后、孙皇后以及郕王之母吴贤妃幸免于难。

　　后宫殉葬这个场景对孙太后来说已经不陌生了，成祖和仁宗的妃嫔殉葬她都经历过。然而这一次给她内心带来的惊恐只会比前两次更强烈。假如不是"儿子"朱祁镇的降临，假如不是宣宗坚定不移地要将她册为皇后，那么无论丈夫活着时对自己有多么宠爱，自己恐怕都只有一条死路可走（谁又曾想到她的活路也是建立在别人的尸骨之上的呢）！

正统七年（1442），张太皇太后为15岁的皇帝孙子选定了都督同知钱贵16岁的女儿为皇后。这对小夫妻在五月十九完成了他们的终身大事。明英宗为什么会在临终时下诏终止殉葬制度？也许是因为他的钱皇后进谏，但是更有可能是因为他生身母亲的悲惨遭遇。

英宗在位的最后一年，从皇后钱氏口中才知道自己本是宫人之子，但年长日久，他已无法知道生母的身世和下落，只好把一腔同情寄予被废的胡皇后身上，并为她重修陵寝，一切按照皇后的规制办理。

钱皇后为什么要替与自己毫不相干的废后胡氏说话呢？原来，作为英宗的皇后，钱氏并没有生过皇子，而当时周贵妃却有一子，即后来的宪宗。这种情形跟当年胡皇后无子，孙贵妃有子的情形极其相似。也许正是由于这一情形，使得钱氏深为同情胡皇后。只是钱皇后很幸运，并没有因无子而被废。

钱皇后和明英宗算是一对患难夫妻。土木事变之后，钱皇后把宫里的家底都拿出来交给瓦剌的使者去营救英宗。因为思念皇帝，她日夜哭泣，困了就卧在地上，结果弄瞎了一只眼睛，弄坏了一条腿。英宗回来被关在南宫做太上皇，心情很差，全凭钱皇后委婉劝解，所以英宗对钱皇后绝对是一心维护。他担心自己死后钱氏受周贵妃欺负，特地在临终之前遗命"钱皇后千秋万岁后，与朕同葬"。明代此前的惯例是一帝一后同葬，这道遗命就等于告诉周贵妃：你的儿子做了皇帝，但钱皇后的太后地位是不能动摇的。

果然，英宗死后，周贵妃就闹了起来，要独称太后，排挤钱皇后。大学士李贤、彭时就以英宗遗命为理由反对，最后宪宗从中做个妥协，两宫并尊，周氏和钱氏同为皇太后。等到钱太后去世时，周太后又从中作梗，不让钱氏与英宗合葬。最后，钱太后被葬于英宗玄堂左边，右边空着留给周太后。这时，周太后又派人暗中做手脚，让钱太后圹位距离英宗玄堂数丈之遥，而且将中间堵塞起来，其意就是不让钱太后在另一个世界跟英宗见面。周太后的做法如今看起来是有点可笑，但在当时却是非常现实的考虑和思路，无不反映了宫廷斗争的复杂性。

被卖了还替人数钱的范例:

王振跋扈擅权之谜

对于明英宗来说，王振让他吃了不少苦头，害得他失去了帝位，在塞外吃苦，又险些丢了性命，几乎不能活着回来。但对于这些，明英宗都毫不抱怨，复辟之后仍对他思念不已，不但没有处罚，还赐给他"精忠"的称誉，真是咄咄怪事。除了英宗的"妇人之仁"外，王振生前到底是怎样爬上跋扈擅权的高位，又是如何败落？他给明朝的政治又留下哪些遗祸呢？

明朝被称为"中国历史上最大的太监帝国"，而英宗时期的王振则是开明朝太监专权先河之人。明太祖朱元璋鉴于历朝历代因宦官而亡国灭家的经验教训，对宦官限制极严，曾立下规章制度，不许宦官读书识字，不许宦官兼任外臣文武衔，不许穿戴外臣所穿戴的冠服，品级不得超过四品等。还在宫门挂一块高三尺的铁牌，上面刻有"内臣（即宦官）不得干预政事，预者斩"几个大字。建文帝即位后，对宦官的管制更为严格，左右内侍常常因小过而被诛杀。这些宦官心里都怨恨不已，纷纷逃到明成祖朱棣的军中，或者给他暗通消息。明成祖能攻入南京，夺走侄儿的江山，宦官也立了大功。朱棣称帝后，委任太监到各地从事征税、采办，甚至监军这些事务，更有郑和下西洋。可以说明朝宦官得到重用是从明成祖开始的，至于他创办的东厂，更成为后代宦官得以擅权的重要机构。

宦官开始读书识字是从明宣宗开始的，宣宗给自己宠爱的几个太监颁发免死敕书，文辞褒美和开国功臣的铁券差不多。他还在宫内设立内书堂，让大学士陈山教宦官读书。宦官虽未达到擅权乱政的程度，但条件已经成熟了。

王振是明初蔚州（今河北蔚县）人，略通经书，后来又做了教官，一事无成。考虑到中举人、考进士这条荣身之路太过艰难，他不惜自阉入宫做了太监。王振入宫后，宣宗皇帝也很喜欢他，便任他为东宫局郎，服侍皇太子，就是后来的英宗皇帝。

明英宗由养母孙太后养大，孙太后凭着自己的愿望，一心要把他调教成一个听话、知恩图报的人。明英宗果然长成一个极平常、极庸碌的人，作为一个皇帝，缺少独立专行、自作主张的习惯，无论做什么，总得有个人替他拿主意才行。只要是他觉得可以依靠的人的话，他无不乐于依从。宣宗在宣德十年（1435）正月病死，英宗即位，改元正统。这时，英宗年仅9岁，不能亲自处理国家大事，太皇太后张氏垂帘听政。张太后虽然秉政，但并不处理国家政务，而是把国家一切政务交给内阁大臣"三杨"杨士奇、杨荣、杨溥处理。当英宗开始掌管朝政后，第一个被英宗作为依靠的人，便是内监王振。

英宗即位后，很自然要重用自己喜爱的人，王振便越过原司礼太监金英等人，出任宦官中权力最大的司礼太监。这倒是很正常的一件事，一朝天子一朝臣，宦官也不例外。

司礼监是明代宫廷里24个宦官衙门中最重要的一个。它总管宫中宦官事务，提督东厂等特务机构，替皇帝掌管内外一切章奏和文件，代传皇帝谕旨等。由于此职事关机要，历来都由皇帝心腹宦官担任。后来，随着"票拟"

制度的形成，皇帝最后的裁决意见，要由司礼监秉笔太监用红笔批写在奏章上，称为"批红"。奏章经过"批红"以后，再交内阁撰拟诏谕颁发。宦官由此掌握了"批红"大权，遇上懒惰的皇帝，这些太监就成了皇权的真正代言人。宦官们整天在皇帝身边，善于察言观色以迎合皇帝，又常常利用皇帝深居简出和外廷官员接触少的弱点，于是便欺上瞒下，假传谕旨或歪曲篡改谕旨，以售其奸。

张太后在世时，王振还不敢过于放肆，对张太后和"三杨"百般殷勤，毕恭毕敬，极尽谄媚之能事，以讨得他们的欢心。一次，英宗朱祁镇与小宦官在宫廷内击球玩耍，被王振看见了。第二天，王振故意当着"三杨"等人的面，做出一副忠心耿耿、十分关心国家前途命运的样子向英宗跪奏说："先皇为求子，差点误了天下。陛下今天步先皇后尘，想把国家社稷引到哪里去！""三杨"听了，深受感动。

张太后在世时，王振每次到内阁去传达皇帝的旨意，都装得十分恭敬和小心的样子，总是站在门外，不入阁内，深深感动了"三杨"。王振表面上讨好"三杨"，事事顺从，装成不干预政事的样子，但内心仍然按捺不住攫取权力的欲火，一有机会，就想办法抓权。他常趁无人在英宗旁边时，劝英宗用重典制御臣下，反对开"经筵"，反对文治，建议英宗发展军事、以武治国家等等。英宗曾让他带领朝中文武大臣到朝阳门外阅兵，王振则利用这个机会，压制真正有才能的人，把他的私党隆庆右卫指挥佥事纪广报为骑射第一，纪广因此一下子被提升为都督佥事。

"三杨"久历宦海，仍不免眼睁睁看着王振羽翼渐丰。王振从最初低眉顺眼的巴结者一步步走向与"三杨"平起平坐的位置，可谓费尽心机，最关键的是他牢牢地控制了皇帝。"三杨"中杨荣谋略最高，他知道自己三人已老，便和杨溥、杨士奇商量，预先把一些正直有才干的人引入内阁，培植外臣势力。一旦自己三人退位，这些人可以有能力对付王振的势力。只是这一步想到的晚了一些。

正统七年（1442），太皇太后张氏病逝，失去了对王振最有控制能力的人。此时"三杨"只有年迈的杨溥在朝，新入内阁的大学士马愉、曹鼐资历太浅，威望不够。至此，朝中、宫内无人可以钳制王振，王振擅权的一切条件都成熟了。

阻拦王振掌权的所有障碍都已被扫除，他就开始琢磨挂在宫门上那块禁止宦官干预政事的铁牌。张太后死后不久，他就把这块牌子砸碎。随后又在京城内大兴土木，为自己修建府邸。

王振用人为所欲为，只凭个人好恶，而不管那人是不是那块料，只要顺从巴结他，就会立即得到提拔和晋升；如果违背了他，立即受到处罚和贬黜。一时间，把朝廷搞得乌烟瘴气。偏偏英宗对王振的所作所为全部赞同，他还总是称王振为先生而不称他的名字，以示尊重。朝臣见皇帝犹如此，只有等而下之，连王侯公主都称王振为翁父，大臣们只能望风便拜，更有无耻者纷纷认王振作干爹。工部郎中王佑，最会阿谀逢迎。一天，王振问王佑说："王侍郎你为什么没有胡子？"王佑无耻地回答说："老爷您没有胡子，儿子我怎么敢有！"一句话说得王振心里甜滋滋的，立即提拔他为工部侍郎。徐希和王文亦因善于谄媚，被王振提拔为兵部尚书和都御使。王振还把他的两个侄子王山和王林提拔为锦衣卫指挥同知和指挥佥事。又把死心塌地依附于自己的心腹马顺、郭敬、陈官、唐童等，安插在各个重要部门。福建有位参政宋彰将贪污的数以万计的官银送给王振，立即被提拔为布政使。这样，从中央到地方迅速形成了一个以王振为核心的朋党集团。

然而，朝堂之上也不尽是恬不知耻的小人。王振是小人，自然看不上正人君子，于是，对于那些稍有不服、甚至要和自己分庭抗礼的朝臣，王振下手绝不留情。正统八年（1443）的一天，雷电击坏奉天殿一角。英宗因遭此天灾，特下求言诏，要求群臣极言得失。翰林侍讲刘球看到英宗不理朝政，王振擅权不法，引起朝政紊乱，上疏提出"皇帝应亲自处理政务，不可使权力下移"等项建议。王振看到刘球的建议有侵己之处，大怒，立即下令逮捕刘球入狱。这时，正值编修官董磷因自己要求任太常卿一事而被王振关进狱中之时，王振便想通过董磷之事置刘球于死地。于是立即指使其党徒马顺用毒刑拷打、逼迫董磷承认他自己所请太常卿之事是受刘球所指使。刘球被逼不过，只好屈服。王振便以此下令处死刘球，并把刘球的尸体肢解。朝野大臣听说此事，皆不敢上疏言事了。

一天驸马都尉石碌在家里责骂佣人太监员宝。王振又有了兔死狐悲的感觉，把石碌投入锦衣卫大牢。不过也有宁死不屈服权势的。一次，御史李铎碰到王振没有跪拜，就被逮捕，关进监狱，后被贬官流放到辽东铁岭卫服役。

金钱常常与不受节制的权力如影随形。王振不但喜欢抓权，还很贪财。一些人为了升官发财，每次朝会都向王振送礼。更有一些无耻之徒，为了讨好王振，极力帮助王振收礼，并当众公布礼物数目。比如，王佑就曾在众人面前说，某人以某物送给王振，某人没有送礼等。结果送礼者得到提拔，没有送礼者受到处罚。于是，人们纷纷向王振送礼，多至千金，少亦百金左右。时间一久，向王振送礼成了宫中一项不成文的规定，如果有人不送礼，就要受到惩罚。比如，国子监祭酒李时勉，曾建议改建国子监以发展教育事业。但他比较正直，不向王振献媚，不贿赂不送礼，只是依制接待，引起王振不满。后来，王振便以李时勉砍掉国子监前古树的一些树枝为借口，罚李时勉身戴重枷在国子监门前示众，李时勉身顶烈日，坚持3天，他的学生1000多人伏阙上书，请求释放李时勉。有个学生石大用上书皇帝，愿意自己代替老师受刑。后来在孙太后的过问下，才放了李时勉。

正统十一年（1446），于谦准备进京觐见皇帝。朋友们都劝他给王振带上一点儿礼物，他坚决不同意，结果被王振暗地指使其党羽李锡给他加上对皇帝不满的罪名而关进监狱，并判处死刑。后来在山西、河南两省官民进京伏阙请愿的压力下，王振才免了于谦的死罪。王振依仗英宗的宠信，跋扈到了极点。

王振擅权的最大恶果是土木之变，以致堂堂大明皇帝成了蒙古人的俘虏。正统年间，蒙古瓦剌部日益强大，不时骚扰明的边境，成为明朝北方的严重边患。

为了获利，王振让他的死党、镇守大同的宦官郭敬，每年私造大量箭支，送给瓦剌，瓦剌则以良马还赠王振作为报答。为了讨好瓦剌，王振还对其贡使加礼款待，赏赐增厚。

正统十四年（1449），瓦剌也先以明朝减少赏赐为借口，兵分四路，大举攻明，并亲率一支大军进攻大同。瓦剌铁骑来势凶猛，迅速向南推进。明朝守卫西北的将士，几次交战失利，急忙向京师请兵救援。根本不懂军事的王振，对瓦剌的军事进攻没有足够的认识，以为让英宗亲征，就能把瓦剌兵吓跑。所以，他在明朝没有充分准备的情况下，怂恿英宗亲征，让英宗效仿宋真宗亲征，以便青史留名。

英宗平日里对王振言听计从，这次也听了王振的话，认为亲征是他大显身手的好机会，便不与大臣们商议，轻率地作出亲征的决定，并宣布两天后立即出发。英宗亲征的诏旨刚一颁布，满朝文武大吃一惊。兵部尚书邝埜和侍郎于谦，力言明军准备不够，皇帝不宜轻率亲征。吏部尚书王直亦率群臣上疏说："如今秋暑未退，天气炎热，旱气未回，青草不丰，水泉犹塞，士马之用不甚充足。况且车驾既行，四方若有急奏，哪能尽快抵达。

其他不测之祸，难保必无。万望皇帝取消亲征之令，另行选将前往征讨。"可英宗听信了王振的话，对众大臣的谏阻，一句也听不进去，非要亲征不可。王振和英宗在两天之内凑合了五十万大军，胡乱配些粮草和武器，就匆匆出发了。当时，与英宗和王振同行的还有英国公张辅、兵部尚书邝埜、户部尚书王佐及内阁大学士曹鼐、张益等100多名文武官员。但英宗不让他们参与军政事务，把一切军政大权都交给王振一人专断。

此次出征，因准备仓促，兼组织不当，未到大同，军中已经乏粮。不断有人死亡，再加上连日风雨，还未到达前线，军心已经不稳。一些随驾官员，见到此种情景，再次请求英宗回军。王振一听，大为恼怒，为了杀一儆百，特罚谏阻最有力的兵部尚书邝埜和户部尚书王佐跪于草地之中，直到天黑才准起来。后来，王振的同党彭德清以天象谏阻，王振也不听，仍然逼着大家继续前进。

瓦剌首领也先听说英宗御驾亲征，决定采取诱敌深入的策略，佯装退却，引诱明军进入大同及其以北地区，然后出其不意，一举击溃明军。八月初一，王振和英宗顺利进入大同，他们看到瓦剌军队北撤，以为瓦剌害怕英宗亲征，坚持继续北进。邝埜等人深感途中未见瓦剌一兵一卒，未损一矢，并不是什么好兆头，恐怕瓦剌兵有诡计。因此，他再次上疏请求回军，提醒王振不要中瓦剌埋伏，王振仍然不听。第二天，王振的同党、镇守大同的宦官郭敬把前几天前线惨败的情况密告王振，并说，如果继续北进，"正中瓦剌之计"。王振听了郭敬的话，才害怕起来，急忙传令，第二天撤出大同。

最初，王振想从紫荆关（今河北易县西北）退兵，以便途经他的家乡蔚州，让英宗驾幸他的府第，向家乡父老显示自己的威风。走了40里以后，王振忽然想起，大队人马经过蔚州，一定会损坏他家乡的田园庄稼，于是，又改变主意，火速传令改道东行，向宣府（今河北宣化）方向行进。大同参将郭登和大学士曹鼐等向王振建议说："自此趋紫荆关，只有40里，大人应该从紫荆关回京，不应再取道宣府，以免被瓦剌大军追及。"王振不听，一意孤行，坚持折向宣府。明军迂回奔走，八月初十才退到宣府。这时，瓦剌大军已经追袭而来。英宗急忙派恭顺伯吴克忠、都督吴克勤率兵断后，以掩护撤退。结果，他们都战死沙场。英宗又派成国公朱勇等率骑3万前去阻击，朱勇等冒险进军至鹞儿岭，陷入瓦剌重围，虽然英勇奋战，但寡不敌众，3万军队全部覆没。王振在朱勇率军阻击瓦剌之时，加紧撤退。13日，狼狈地逃到土木堡(今河北怀来东南)。这里离怀来城仅20里，随行的文武官员都主张进入怀来城宿营。可王振以为1000余辆辎重军车没能到达，害怕自己搜刮来的东西受损失，便不顾英宗和数十万军队的安全，传令在土木堡宿营。邝埜一再上章要求英宗先行驰入居庸关，以保证安全，同时组织精锐部队断后拒敌。王振皆置之不理。没有办法，邝埜单身闯入英宗行殿，请求英宗速行。王振见状，怒不可遏，骂道："你这个腐儒，怎么会知道用兵之事，再胡说八道，必死无疑！"即刻命令武士强行把邝埜拖了出去。

八月十五，也先派遣使者到明军处假装与王振谈和，以麻痹明军。王振见也先派人来谈判，喜出望外，便不辨真假，满口答应，并通过英宗让曹鼐起草诏书，派两人去也先军营谈判具体议和事宜。

也先佯装撤退，故意将土木堡南面河水让出，暗地里则做好埋伏，只等明军争水大乱之机，出兵全歼。王振看到瓦剌军向后撤退，以为瓦剌军真的要议和，轻易地下令移营就水。饥渴难忍的军士得令后，一哄而起，纷纷越过战壕，奔向河边，这时瓦剌伏兵四起，喊声震天，瓦剌兵像潮水般涌了过来。顷刻之间，明军全线瓦解。

英宗皇帝就在亲兵保护下，奋力突围，可是拼尽全力左冲右突，还是冲不出去，身边的护卫却越来越少。英宗见大势已去，心知突围无望，索性不再突围，跳下马来，面向南方，盘膝而坐，等待就缚。不一会儿，瓦剌兵冲上来，一个士兵上前要剥取英宗的衣甲，一看他的衣甲与众不同，心知不是一般人物，便推拥着他去见也先之弟赛刊王。

赛刊王在盘问英宗时，英宗反问道："你是谁？是也先，还是伯颜帖木儿，或者是赛刊王。"赛刊王感到英宗说话的口气很大，立即报告也先，也先派遣留在瓦剌军中的明朝使者去辨认，才知道他就是英宗。

英宗被俘，英宗的护卫将军樊忠万分愤怒，以重锤击杀王振。

土木堡之变，英宗被俘，明朝五十万军队差不多全部被歼，从征的 100 多名文臣武将几乎全部战死沙场。这一消息传到北京，百官张皇失措，聚集在殿廷上号啕大哭。不得已，孙太后命令英宗的弟弟郕王朱祁钰监国。当时王振的死党马顺还为王振遮护，喝逐群臣。给事中王竑怒不可遏，上前一把抓住马顺，拳打脚踢，当场结果了他的性命。愤怒的人们又当场打死了王振的另外两个死党宦官毛贵和王长随。接着，朱祁钰下令杀死王振的侄子玉山并族诛王振之党，把马顺的尸首拖到街头示众，王振家族不分老少一律处斩，并籍没王振家产。

权力潜规则战胜公理人心：

于谦被杀之谜

于谦为什么会死？按照常情来说，这样一个操守清白、保家卫国的民族英雄是没有理由血溅刑场的。然而在权力场上，是非黑白往往不依常理而定，事情的发展、个人的命运常常都被操纵在掌权者的手中，生命被放在利益的天平上衡量，利我者生，不利我者死。岳飞如此，于谦也是如此。

　　于谦有"于青天"之美誉，自奉节俭。据《西湖游览志余》载，正统年间，王振权势熏天，进京述职的官员必须给王振送礼成为官场惯例。恰逢于谦自河南入朝，其他河南大员必定携带大量的香帕、蘑菇等土特产，作为上下打点的礼物。于谦的手下和朋友们也劝他随大流，带上礼物，免除灾祸。于谦偏不，进京时不带一丝一毫，空手而去，还特意作《入京》诗一首：

　　　　绢帕蘑菇与线香，本资民用反为殃。

　　　　清风两袖朝天去，免得闾阎话短长。

　　此诗一出，立刻成为佳话，到处传唱。而成语"两袖清风"，正是出于此处。

　　于谦，字廷益，生于洪武三十一年（1398），浙江钱塘人。在年少时，他就展露出卓尔不凡的气质。据说于谦7岁时，一个僧人为他批命，断言他是将来的"救时宰相"。少年于谦，机智过人，能诗善对。8岁时，一次他穿着红色衣服，骑马玩耍。邻家老者觉得很有趣，戏之曰："红孩儿，骑黑马游街。"于谦应声而答："赤帝子，斩白蛇当道。"下联不仅工整，而且还显露出他非同寻常的气势。

永乐十九年（1421），24岁的于谦中进士。宣德元年（1426），汉王朱高煦趁新君嗣位未稳之际在乐安州起兵谋叛，于谦随宣宗朱瞻基亲征。汉王未战而降，宣宗命于谦口述其罪。于谦义正词严，声音朗朗，朱高煦趴伏于地，战栗不已。宣宗非常欣赏于谦的口才。

正统十四年（1449）七月，英宗朱祁镇在宦官王振的蛊惑下，不顾群臣劝阻，贸然亲征。八月十五，土木堡之变，明朝数十万大军被瓦剌军队一举击溃，英宗也成了也先的阶下囚。

皇帝被俘，一时间朝堂之上人心惶惶，明朝陷入了国无君主的窘境。同时，也先手中有了英宗这张牌，随时随地可以向明廷要挟索价。也先挟持英宗，趁土木新胜之余威，率众直趋北京，欲一鼓作气攻取明朝的京城。北京守备空虚，形势岌岌可危。

当时北京城内人心惶惶，许多大户人家纷纷南逃。朝廷上下，群臣惊愕，束手无措。皇太后孙氏和英宗的皇后钱氏将宫中的财宝搜刮一番，用八匹健马驮赴也先大营，幻想能够以此换取英宗的自由之身。当然，这种妇人之见是不会产生任何实际效果的。

真正稳定局势的是于谦等人果断而坚决的应急措施。

第一，禁南迁之议。当时是战是守，大臣们议论纷纷。侍讲徐珵托言星象有变，力主南迁。于谦坚决反对南迁。他厉声说："言南迁者，可斩也。京师天下根本，一动则大事去矣，独不见宋南渡事乎！"监国郕王朱祁钰支持于谦的看法。由此，南迁之议才被废弃，守卫北京之策乃定。试想，明朝虽实行南北两京之制，南京为陪都，但是一旦南迁，则北京势必不保，长江以北将不为明廷所有。有史为鉴，当年宋朝徽、钦二帝被俘，宋高宗赵构逃至江南而失国土大半，只能偏安一隅。如果真的接受了徐珵的主张，恐怕中国历史就要重演南宋偏安的一幕。

第二，除王振余党。宦官王振可以说是导致土木之变的直接责任人。王振本人死于乱军之中。王振虽死，但是朝中同党犹在。土木战败、英宗被俘的消息传入北京后，官员们群情激愤，请族诛王振。此时王振的余党锦衣卫指挥马顺，上前叱骂驱逐朝臣。大家对马顺平日里倚仗王振而狐假虎威的作为早已看不顺眼，现在见他仍旧气焰嚣张，丧师辱国的怨气统统指向了马顺。群臣义愤冲天，不顾大臣的体面，一拥而上，拳打脚踢，在左顺门将马顺活活打死。随后，众人又将王振余党宦官毛贵、王长随从内宫中邀出，乱拳打死，悬尸于东安门外示众。监国的郕王哪里见过这样的场面，惊慌失措，想要退走。这时于谦上前拦住郕王，请求他宣布马顺等人论罪当死，参与殴杀的众大臣无罪。情势这才稳定下来。大家退出左顺门时，吏部尚书王直用力握住于谦的手，感叹地说："国家要靠先生您了。今天的情势，即使有 100 个王直也处理不好。"

第三，拥立明景帝。大敌当前，国无君主，而太子朱见深年仅 3 岁，无法承担起匡复国家的重任。于谦及众大臣请皇太后立英宗弟郕王朱祁钰为帝。英宗在亲征之前曾命他监国，此时他 22 岁，仅比英宗小一岁，年富力强。明朝实行嫡长子继承制，目前英宗有太子在，郕王朱祁钰是没有资格继承皇位的。但在当时特殊的情况下，新皇帝最重要的不是有名分，而是要有领导百官、消除祸乱的能力，因此郕王朱祁钰就要比太子朱见深更为合适。景帝力主抗战，反对南迁，任命于谦负责指挥北京保卫战，这些措施为最后的胜利奠定了基础。

第四，主持北京保卫战。于谦在受命的第二天，立即奏请调南北两京及河南备操军、山东及南京沿海备倭军及运粮军入卫京师，于是人心渐趋稳定。北京保卫战是固守还是主动出击，群臣出现了不同的意见。成山侯王通建议挖城壕以拒瓦剌骑兵；总兵官、武清伯石亨主张固守不出；于谦则认为坚守不出会示弱于人。在景帝的支持下，他分遣诸将率兵 22 万分列于京师九门之外，自己则身披甲胄亲赴石亨军中督战。石亨列阵于德胜门，都督陶瑾列阵于安定门，广宁伯刘安列阵于东直门，武进伯朱瑛列阵于朝阳门，都督刘聚列阵于西直门，副总兵顾兴祖列阵于阜成门，都指挥李端列阵于正阳门，都督刘得新列阵于崇文门，都指挥汤节列阵于宣武门。随后于谦将兵部事务托付给侍郎吴宁，下令关闭九门，以示有进无退、背水一战的决心。

也先挟英宗直抵北京城下后才发现，眼前的明军与在土木堡被自己轻易击溃的明军迥然不同。他原本以为明军不堪一击，北京朝夕可拿下，现在见明军严阵以待，军纪严明，锐气大为受挫。

也先派遣数骑窥视德胜门。于谦事先在路边空舍内设下伏兵，再派少量骑兵且战且退，诱敌深入。数万瓦剌骑兵追至，于谦命神机营火炮、火铳齐发，同时伏兵四起，前后夹击，大败瓦剌军。也先弟弟中炮而亡，瓦剌兵死伤惨重。接着，瓦剌军又在西直门和彰义门吃了败仗。经过 5 天的激战，瓦剌军多次被击败。这时明朝各路勤王兵将至，也先恐断其归路，连夜拔营北遁，于谦领导的北京保卫战取得胜利。

北京保卫战，于谦实为第一功臣，又有拥立新君之功，景帝为了表示对其的优崇，特命给予双俸。于谦上书固辞，说自己家连仆人都算上了只几口人，原来的俸禄就足够了。现在边境、京城用费浩大，百姓有输纳之苦，军队也需粮饷，所以还是请求只支一俸。景帝因其房舍简陋，又赐宅西华门。于谦仍固辞不受，说："国家多难，臣子何敢自安。"景帝不许，他没有办法，就将皇帝赏赐的盔甲、玉带、玺书之类放在那里，一年去探视一次而已，自己仍居住在原来的地方。等到蒙难抄家之时，家无余赀，只有这些赏赐的盔甲等物。与于谦形成了鲜明对比的是继任兵部尚书的陈汝言，不及一年即败，收受的赃款巨万。英宗面对此情此景，不禁想起了于谦说："于谦被遇景泰朝，死无余赀，汝言抑何多也？"大臣皆不能回答。

北京战后，也先见军事行动不能达到目的，手中的英宗失去了奇货可居的价值，遂改变策略，表示愿意将英宗送还，企图挑起明廷内讧，从中获利。果然，刚刚享受到皇帝滋味的景帝担心英宗回来后会威胁自己的皇帝宝座，早将所谓兄弟之情忘得一干二净，十分不希望英宗南归。然而朝中大臣多为英宗旧臣，要求景帝迎归英宗的呼声十分高涨。当景帝发现自己倚重的于谦也恳请让英宗回朝时，只得接受群臣的请吁。在这种情况下，景帝于景泰元年（1450）八月派遣使臣迎接英宗还朝，并尊英宗为太上皇，居之于南宫。

皇位虽然保住了，但是景帝还是感觉到了威胁。为了进一步巩固自己的地位，景帝盘算着更立太子。当年朱祁钰即位之时，由皇太后发布懿旨册立英宗长子朱见深为太子。景帝坐了帝位，自然想着让儿子也能当皇帝，然而景帝更立太子的事情并不顺利，朝中大臣和内廷宦官多有不赞成者。景帝为了达到目的，先后采取了两个办法。一是用优厚的赏赐来拉拢重要的大臣。他加王文、杨善等人太子太保等衔，赐内阁大学士每人黄金50两、白银100两。拿人的手短，何况还是收了皇帝的东西，这些大臣再也不好提反对的意见了。景泰三年（1452）五月，景帝册立自己的儿子朱见济为皇太子，改朱见深为沂王。

可惜，人算不如天算，景帝的儿子命小福薄，当了一年太子就病死了。景帝此时又无其他儿子，储位遂空。太子问题成为当时的敏感话题，一场复储风波也由此产生。景泰五年（1454）五月，礼部郎中章纶、御史钟同奏请复立朱见深为太子，并在奏章中肯定了英宗的地位，希望景帝能改变对英宗的做法。景帝震怒，将钟同、章纶下狱，而钟同不久就被杖死狱中。景帝不立朱见深，是寄希望于能早日诞生其他的儿子，而且一心盼望自己的哥哥早点死去。

在这种焦躁、犹疑的情绪中，景帝病重。景帝身体素来不好，群臣请立太子以备不虞。于谦与多数人倾向于复立朱见深，司礼监太监王诚谋立襄王子。景帝不想更不愿再立他人之子为太子，推说自己只是小病，过几天就可以上朝了。

景帝病重的消息传出后，徐有贞、石亨等人秘密谋划，决定拥立困居南宫的英宗复辟。徐有贞就是北京保卫战前提议南迁的徐珵。因为南迁之议遭到否定和嘲笑，徐珵在之后的官场中混得并不顺利。他曾上下打点，希望能够得到晋升之阶，但没有如愿。阁臣陈循帮他出主意，劝他改名，于是徐珵改名徐有贞。徐有贞颇有智谋，成为夺门之变的主脑人物。

景泰八年（1457）正月十六晚，徐有贞、石亨、曹吉祥等人率兵来到南宫。由于城门坚固，他们不得不捣破城墙，进入宫中。英宗看见徐有贞率众人拜伏在自己面前，不由惊恐万分。当他们言明此番是请英宗重登帝位，不禁又悲又喜又怕。在徐有贞等人的搀扶下，英宗入东华门，进奉天殿，此时已近凌晨。群臣正等待景帝视朝，听见殿中喧哗，感觉到有大事发生。这时殿门打开，徐有贞从里面走出来，高声对众人说："太上皇复辟了。"群臣先是惊愕，不过毕竟是在朝堂混的老江湖，很快就明白事情的就里，随即入殿称贺。这就是历史上有名的"夺门之变"。

英宗改年号为"天顺"，废景帝为郕王。英宗命徐有贞入内阁，参与机务，加兵部尚书，石亨等人各有加封。复辟当日，英宗就将于谦、王文等人逮捕入狱。但是想要杀掉于谦这样一位有功于社稷、为官清廉的大臣并不容易，必须要找一个听起来可以服众的借口。英宗在徐有贞等人的策划下，用历史上惯用的"莫须有"手法，以"谋逆"的罪名将于谦处以极刑。所谓"谋逆"，是指于谦勾结黄竑更立太子和欲迎立襄王子。事实上，这些都是牵强附会和捕风捉影的事。当王文在狱中力辩无罪之时，早对情势了然于胸的于谦苦笑着对他说："这是石亨等人的意思，分辩有什么益处？"其实，英宗心中也知道于谦是冤枉的，十分犹豫，知道"于谦实有功"于朝廷。徐有贞进言："不杀于谦，夺门就没有正当的名义。"英宗这才下定决心。

英宗是个没主意的滥好人，真正要置于谦于死地的主要有两人：徐有贞和石亨。徐有贞是一个极具政治野心的人。虽然南迁之议使他受尽白眼，也影响到了他的仕途，但他没有灰心丧气，希望改名字能够让他的政治生命得以重新开始。徐有贞小人之心，认为自己仕途不顺乃是于谦从中作梗，遂衔恨在心。夺门之变后，徐有贞是最想除掉于谦的人，因而在英宗尚在犹豫时，极言于谦必须死，其中不乏私心。

也先攻大同时，石亨打了败仗，一个人跑回来，受到处分，后来还是于谦推荐他掌管五军大营。北京保卫战期间，他是于谦的副手，为击退也先立下军功，进武清侯爵。石亨为表示对于谦的感谢，再加上他功不及于谦但所受封赏却超过了于谦，心中惭愧，于是荐举于谦的儿子于冕，景帝召于冕赴北京。于谦辞让，景帝不允。于冕到北京后，于谦不但不领情，还上疏景帝，言辞恳切，指责石亨徇私："国家多事，臣子义不得顾私恩。且亨位大将，不闻举一幽隐，拔一行伍微贱，以裨军国，而独荐臣子，于公议得乎？臣于军功，力杜侥幸，决不敢以子滥功。"于是，石亨由恩生怨。

古语有云："水至清则无鱼，人至察则无徒"，深刻地表明了古代官场的潜规则。于谦性格刚正不阿、洁身自爱，不会接纳也不会融入官场的人情世故中。而以徐有贞和石亨为代表的另一种官僚集团，则抱着强烈的政治动机，到处投机钻营。他们为人处世的准则不讲究忧国忧民的情怀，而是一切从个人私利出发，树党营私。

以于谦的操守和性情，被传统社会的官场所边缘化，为同僚大臣所孤立，是很自然的情形。在国难当头的危急时刻，官僚集团或许还能容忍于谦的存在；一旦天下无事，于谦必然会被排挤出去，甚至遭到杀害这样的奇祸。在北京保卫战之后，即使于谦多次请辞避让，极力想逃离政治斗争的旋涡，但悲剧似乎是不可避免的。也许于谦至死都不明白，他那样身体力行地按照儒家规范来严格要求自己的一言一行，为什么反而还会招来祸端。

据《明史》记载，于谦"死之日，阴霾四合，天下冤之"。有个叫朵儿的指挥，本是曹吉祥部下，在于谦行刑的地方以酒来祭奠他，痛哭不已。曹吉祥非常生气，用皮鞭痛打他。第二天，他仍然祭拜如故。都督同知陈逵深感于谦忠义，收遗骸葬在北京城西。后来，于谦的养子于康将其归葬于杭州西湖南面的三台山麓。明末董其昌书于少保祠柱铭有云：

赖社稷之灵，国已有君，自分一腔抛热血。
竭股肱之力，继之以死，独留清白在人间。

成化二年（1466），英宗的儿子宪宗朱见深为于谦平反，诏复原官。弘治二年（1489），追赠太傅，赐谥曰"肃愍"，建祠，匾额书"旌功"。万历十八年（1590），改谥为"忠肃"。

恋母情结的不幸后果：

明宪宗迷恋万贵妃之谜

明宪宗朱见深（1447~1487）是明英宗朱祁镇的长子，英宗病死后继位。明宪宗是中国历史上著名的怕老婆皇帝，他对比自己年长 19 岁的万贵妃格外依赖。按照社会心理，一般人很难理解女大男小的爱情模式，也因此对明宪宗迷恋万贵妃感到不可思议。成化二十三年（1487），万贵妃病殁，明宪宗也愁闷成病而死，终年 41 岁，葬于茂陵（今北京市十三陵）。万贵妃到底有什么样的手段能够牢牢抓住明宪宗的心，明宪宗又是怎样一个皇帝呢？

明宪宗朱见深，原名朱见濬，说起他的帝王路，可谓一波三折。朱见深不是嫡子，其母为周贵妃，正统十四年（1449）英宗北征时奉孙太后之命，被立为皇太子。土木之变，他的叔叔景泰即位后，就开始考虑如何废掉他，而用自己的儿子取而代之。经过一番精心的谋划，朱见濬被废为沂王。人算不如天算，景泰帝的儿子不受老天眷顾，不久早夭。随后便是著名的"夺门之变"，如此一来不仅他的父亲夺回了皇位，他的太子之位也失而复得，他父亲改元天顺，也将他改名朱见深。

由于从小就被卷进皇位之争的旋涡中，朱见深精神压力非常大，以致留下了口吃的毛病。天顺八年（1464），英宗皇帝去世，朱见深继承了皇位，成了明朝第八位皇帝，第二年改年号为"成化"。

宪宗即位之初，还像那么回事。他先平反了于谦冤狱，恢复了于谦之子的官职。随后以德报怨，恢复景泰帝号，重修其陵寝，博得了朝野内外的一片称颂之声。朱见深任用李贤为相，阁臣之中还有彭时、商辂等人，可谓是人才济济，朝政也出现清明的气象。

可惜好景不长，明建立以来的积弊积重难返，前朝广西爆发了少数民族起义。这次起义本身规模并不大，没有对明廷造成多大的冲击，但是它的影响非常"深远"。因为成化朝最显眼的两位人物都是这次战斗的俘虏，一个是一手遮天的大太监汪直，另一个就是孝宗皇帝的生母纪氏。

大太监汪直本是广西少数民族，由于起义的失败，起义军的成年男子被杀，小孩与女人被送往宫中为奴，汪直就这样进宫做了太监。由于他善于钻营，而且又攀附上了当时宫中的实权派万贵妃，因此官运亨通。成化十三年（1477），宪宗皇帝设立了臭名昭著的"西厂"，使得明朝的厂卫制度达到顶峰，而汪直就掌握着西厂的实际指挥权。汪直凭借特务机构不断排除异己，树立亲信，朝廷被他搞得乌烟瘴气。汪直还多次作为监军随军出战，所到之处官吏都小心侍奉，加紧搜刮百姓，购买大量珍宝取悦汪直，可以说汪直所到之处，就像闹了一场蝗灾。由于汪直的倒行逆施引起了朝野的交相弹劾，宪宗皇帝也因此对他失去了兴趣，在汪直的最后一次监军过程中索性将他留在了边关，之后又将他贬到了南京，大太监汪直渐渐在历史中消失了。

汪直走后，朝廷并没有安定下来。宪宗皇帝开始迷恋佛道，专用谄媚无耻的奸佞之徒。大批贤能之士或贬逐或罢官，朝堂之中直臣难以容身，而无赖、骗子则很容易混进宫中，朝廷的重要官吏也腐败到了极点。当时百姓就有"纸糊三阁老，泥塑六尚书"的说法，将这些朝廷的蛀虫贬得一钱不值。这些大臣不但贪赃枉法，而且为了取悦宪宗经常以房中术进献，明朝政治出现了前所未有的混乱：政治昏暗，奸臣当道，东厂、西厂横行不法，王室奢侈，官吏贪污盘剥，加上连年的水、旱灾，人民处于饥寒交迫、水深火热之中。

最令人捉摸不透的就是朱见深竟喜欢一个比自己大 19 岁的宫女，而且终其一生都没有改变。

朱见深即帝位时 17 岁，正是青春年少的时候。两宫太后为替新皇帝选择皇后颇费了一番心思。她们在英宗生前亲自替儿子选定的 12 名淑女中，再次认真挑选，选了王、吴、柏三人留住宫中，慢慢考察。宪宗的生母周太后命司礼监牛玉在三名淑媛中选定一人为皇后，牛玉推荐吴氏，周太后便做主替宪宗择定吴氏为皇后，钱太后当然没有什么意见。

包办婚姻下，正妻未必受到丈夫的重视。大婚之后，皇帝新郎并不贪恋吴皇后的青春美色，而是常常宿在嫔妃万氏宫中，这使吴皇后又气又羞。自己哪一点比不上徐娘半老的万妃，比皇帝年龄大 19 岁的万妃用什么手段把皇帝的心死死拴住？

原来，大婚前的宪宗，便已同年过 30 的宫女万贞儿有了私情。万贞儿原籍青州诸城（今山东益都县一带），父亲万贵为县衙掾吏，犯法流配边疆。万贞儿年仅 4 岁便充入掖庭为奴，十多年后出落得花容月貌。孙太后怜她聪明伶俐，便留在自己身边为自己打点衣物。明宪宗也是孙太后带大，教育模式与乃父一样，也因此养成强烈的依赖心理，万氏就是宪宗一生依赖的对象。明宪宗小时常去祖母处玩耍，万贞儿带着宪宗游玩戏谑，也就日益亲近，久而久之便成莫逆之交。万贞儿是个有心人，一心想巴结这位皇太子，盼望有出头之日，对宪宗格外用心。朱见深也被这个既像妈妈、又像姐姐、又像情人的宫女迷住。

天顺六年（1462），孙太后病死，年已 15 的皇太子趁机把万贞儿要进东宫做自己的贴身侍女。尽管贞儿已年过 30，但因保养得好，看上去不过 20 左右。为了勾引情窦初开且有恋母情结的太子，她使出种种手段，终于把太子勾引上手。

宪宗即位后，想册立自己的爱人万贞儿为皇后，但万贞儿条件实在太差：年龄比皇帝大19岁，又是微贱的宫女出身，这样的身份想坐上皇后宝座，几乎不可能。朱见深迫于礼制，碍于母命，只得勉强与吴皇后成婚。

没当上皇后的万贞儿特别不甘心，此时皇帝已完全拜倒在她的石榴裙下，她以为只要皇帝下决心，自己就能坐上皇后宝座。仗着皇帝的无比宠幸，她根本不把吴皇后放在眼里。大婚以后，皇帝不理皇后，相反经常临幸万贞儿的寝宫，与她朝夕相处，相亲相爱，这越发助长了她的骄气。因此，她每次谒见吴皇后时，也是一副得意扬扬的样子，一点都不把皇后放在眼里，有时甚至故意拿架子，给皇后脸色看，这使年轻气躁的吴皇后非常生气。皇后心里非常窝火，她认为自己是皇太后亲自选定的媳妇，怎能受一个宫女出身的小妾的气？起先碍着宪宗的面子还隐忍，到后来实在忍耐不住，免不了斥责她无理。可万妃非但不知收敛，还对皇后恶语相讥。一次惹得吴皇后性起，命宫人将她拖倒在地，亲自取过杖来打了她几下。

这下可不得了，万妃找到宪宗，哭闹不休。宪宗大怒，要去找皇后评理。万妃是个有心机之人，又故意拦住宪宗不让去闹，说道："妾已年长色衰，不及皇后玉女天成，还请陛下命妾出宫，以免皇后生气，妾也省得受那杖刑了！"

这一番说辞说得宪宗又恨又怜，当他看见万妃雪白的肌肤上面有一道道杖痕透着血色，不由怒从心头起，发誓道："此等泼辣货，我若不把她废去，誓不为人！"

第二天一早，打定主意要为万妃出气的宪宗便去见两宫太后，说吴皇后举动轻佻，不守礼法，不堪居六宫之首，定要废去。

钱太后不便说什么，周太后劝阻道："册封才一月便要废去，岂不惹人笑话？”

宪宗坚持要废，周太后溺爱儿子，只得由着宪宗。于是，一道废后诏书下达，命吴氏退居别宫，还把当年的推荐人司礼监牛玉罚往孝陵种菜。

万妃觊觎后位，要宪宗替她去向太后说说，但周太后嫌她年长，且出身微贱，始终不肯应允。过了2个月，周太后下旨，要宪宗册立贤妃王氏为皇后。王皇后生性软弱怕事，知道皇帝宠幸万妃，自己更不是万妃的对手，只得处处谦虚忍让，做个傀儡皇后也就罢了。

成化二年（1466），万妃生下皇长子，宪宗大喜，立即晋她为贵妃，又派出使者四处祷告山川诸神。谁知未等满月，这位龙子就短命夭折，万贵妃也从此不再怀孕。万贵妃是一个处心积虑争权夺利的贪婪女人，她一直没有放弃夺取皇后之位的野心，因此她就十分嫉恨妃嫔们生子。宫中到处布满万贵妃的眼线，侦查宫廷内外的消息，如果哪个妃嫔怀胎，她就千方百计逼令其喝药打胎。迫于万贵妃在宫中的权势，妃嫔们只有含泪服从。

几年过去了，对此事毫不知情的宪宗一直没有子嗣，宫廷内外、朝野上下为之忧心。大臣们屡屡奏请，要皇帝广施恩泽，宪宗也为之愁眉不展。

到成化五年（1469），柏贤妃生下一个皇子，宪宗十分高兴，马上大肆庆贺，取名祐极，并将尚在襁褓中的小孩立为皇太子。第二年二月，皇太子突然生起病来，病势来得凶猛，令御医们束手无策，一天一夜后竟夭折了。宪宗哭得死去活来，宫人太监们觉得太子病得奇怪，偷偷查访下来，果然是万贵妃派人毒死了太子。但是，谁也不敢去告发。

就在万贵妃的高压下，表面平静的宫廷生活又过去了6年。此时的万贵妃不但仍宠冠六宫，而且还威行朝野，连宪宗也制掣不了她了。她内连宦官，外结权臣，太监梁芳、钱能、郑忠、汪直等，俱谄事贵妃，以宫廷采办为名，大肆搜刮，动用内帑无数，宪宗也不敢多问。

这天，宪宗思念亡子，百般无聊中召太监张敏替他梳理头发。对镜自照，忽见头上已有数根白发，不禁长叹道："朕老了，尚无子嗣！"张敏一下伏倒在地，连连磕头道："请万岁爷恕奴死罪，奴直言相告，万岁已有子了！"

宪宗大吃一惊，忙问道："此话怎讲？朕哪里还有什么子嗣？"

张敏又叩首道："奴一说出口，恐怕性命难保。万岁爷可千万替皇子做主，奴虽死无憾！"

站在一旁的司礼太监怀恩也跪下奏道："张敏所言皆是实情。皇子被养育在西内密室，现已6岁了。因怕招惹祸患，故隐匿不敢报。"宪宗又惊又喜，怀疑自己在做梦，当下传旨摆驾至西内，派张敏去领皇子前来见面。

这个皇子的母亲就是前面所说广西之乱中被俘掳入京的纪氏女。纪氏本是贺县一名仕官之女，美丽机敏，被俘后充入掖庭。宫中见她性情贤淑，又通文字，升为女史。不久，王皇后看中了她，命她管理内府库藏。

一天，宪宗偶尔来到内藏，问及内藏现有多少金银钱钞，她口齿伶俐对答如流，使龙心大悦。又见她生得明眸皓齿，妩媚动人，宪宗便在纪氏住处召幸了她。过了几个月，纪氏怀了孕。

万贵妃知道这事后，恼羞成怒，按照惯例派一名宫婢去内藏打听实情。那宫婢早就看不惯万妃的阴毒，再加上毒杀皇帝的子嗣乃是死罪，回去禀报贵妃说，纪氏不过是生了鼓胀病。万贵妃半信半疑，不太放心，便勒令纪氏退出内藏，移居同自己住处相近的安乐堂，以便随时监视。

几个月后，纪氏秘密生下一个男孩。对这样的喜事，纪氏却忧愁万分，她知道儿子一定逃脱不了万贵妃的魔掌，假如不设法弄死，只怕自己的性命也难保。她咬了咬牙，把孩子包好，命令门监张敏把皇子带出宫去溺死。张敏心知此事事关重大，不敢动手，当他接过皇子，便十分同情这个小小的婴孩。于是冒着杀头的危险，把皇子偷偷藏入密室，取些蜜糖、粉饵之类的食物喂养。由于张敏行事小心，一次次躲过了万贵妃的耳目。不久，废皇后吴氏知道了这件事，便把皇子接到自己居住的西内，悉心予以照料，皇子才得以活下来。

再说纪氏听得宪宗召见儿子，抱着儿子放声大哭，说道："今日我儿一去，我恐怕性命难保！儿去，若见一穿黄袍、有胡须的人，便是儿的父皇，儿拜见他吧！"她替儿子换上一件小红袍，抱儿子上了小轿，由张敏等护着，离西内而去。

果然在这一年的六月，平时身体非常健康的纪妃突然暴病而亡，显然不是被人毒死，就是被勒死的，具体内情十分隐秘，但大家心里都明白是谁下的毒手。对万妃又爱又怕的宪宗也不敢追究，只是下令予以厚葬，并谥纪妃为"恭恪庄僖淑妃"。张敏见淑妃被万贵妃害死，料想自己也难逃毒手，便吞金自杀了。

回头再说，等待见儿子的宪宗正眼巴巴地坐在堂上等候，忽见宫门前一顶小轿停下，一个身穿红衣、胎发披肩的小孩子跳了下来，直奔堂前，一见到他，便双膝跪地，口称："儿臣叩见父皇"，向他请安。他悲喜交集，不由掉下眼泪，一把把儿子抱入怀里，放置膝上，仔细端详。良久，才喃喃说道："这孩子长得真像我，确是我的儿子！"

这时，太监怀恩也没闲着，马上跑到内阁报喜，并说明原委。大臣们见皇帝开心，也跟着欢喜，第二天早朝一齐向宪宗道贺。宪宗命内阁起草诏书颁行天下，并封纪氏为淑妃，移居西内。因6岁皇子尚未取名，又命礼部会议，替皇子定名叫祐樘。

皇太子祐极的离奇死去让大臣们担心这个小皇子的安危。大学士商辂不敢明言，只说让皇子母子住在一起，便于照料养育。宪宗准奏，命纪淑妃携皇子居住永寿宫，他自己也常常驾临永寿宫，同纪妃欢聚。不仅如此，宪宗还大胆地同其他妃嫔交欢，陆续又生了几个儿子。

几家欢乐几家愁，宪宗和群臣为得到皇子百般开心，万贵妃却恨得不行，又见原本往日避猫鼠似的皇帝居然在自己眼皮底下临幸别的妃嫔，她心中的妒火和怨气可想而知。因为有了前车之鉴，周太后为了保护孙儿，命宪宗将祐樘交给她，放在仁寿宫抚养。不久，朱祐樘被册立为皇太子。一天，万贵妃请祐樘到她宫里去玩，周太后知道她不安好心，叮嘱孙儿，去了之后不要吃任何东西。到了贵妃宫中，贵妃劝祐樘吃饼，祐樘回答说："已吃过饭了。"贵妃又劝他吃羹汤，朱祐樘死活不喝，被逼得急了，反问她说："这羹中有毒吗？"万贵妃被噎得半晌说不出话来。

送走朱祐樘，万贵妃使出屡试不爽的招数，向宪宗皇帝抱怨："这么小的孩子就如此防备我，记恨我，将来他一旦登上皇位，我不就死在他手里了吗？"

这以后，她一有机会，就向宪宗吵闹，要求废掉皇太子朱祐樘，另立邵宸妃的儿子兴王朱祐杭。尽管此时万贵妃已年近60，可宪宗对她又亲又怕，根本离不开她，怎敢不听从她呢？太监梁芳等人勾结万妃，大肆侵吞内府钱财，害怕将来太子即位后会惩治他们，也帮着万贵妃一起攻击太子。宪宗只得答应了。

第二天，宪宗找司礼太监怀恩商量，怀恩连连说不可，惹得宪宗很不高兴，竟把怀恩贬到凤阳去守皇陵。正想再召集群臣们商议废立之事，忽报东岳泰山发生地震，钦天监正据天象所测，说此兆应在东宫。宪宗以为废太子会惹怒天意，不再提易储之事，这才保住了太子的地位。

万贵妃费尽心机无法动摇太子的地位，不免肝火攻心，不久便得了肝病于成化二十三年（1487）春死去。万妃一死，宪宗好似失了主心骨，凄然说道："贵妃一去，朕亦不久于人世了！"他主持贵妃的葬礼一如皇后之例，并辍朝七日。这年八月，郁郁寡欢的宪宗果然也得了重病，追随万贵妃而去。

　　按照常理来说，万贞儿以一个卑微的宫女，半老徐娘之身，竟能宠冠后宫，对皇帝老公说一不二，其中缘由，耐人寻味。只能说爱情江湖，什么事情都可能发生，只不过这样的恋情发生在宫廷、发生在皇家，带来的后果往往非常不幸。至于宪宗的两个皇后吴氏和王氏，一个是新婚伊始便守活寡，一个却当了一辈子的傀儡。

一个人与一个机构的兴旺：

汪直与西厂之谜

厂卫都是具有明代特色的特务机构，明代许多耿直忠介的大臣都在其中饱受折磨甚至惨死。其中锦衣卫和东厂是常设机构，西厂则设过两次，一次是朱见深成化十三年（1477），又一次是正德九年（1514），地点在旧灰厂。汪直借助西厂的权势，在短短几个月间就将民间搅得鸡飞狗跳，朝堂之上也是人心惶惶。那么宪宗皇帝为什么纵容一个贪鄙的太监为非作歹，汪直又是什么样的一个人，他和西厂又是怎么倒台的呢？

汪直是瑶族人，先世居广西桂平西北的大藤峡。因先人反叛明廷被抄家。汪直幼年净身入宫为宦官。成化时，他先充昭德宫内使，侍奉炙手可热的万贵妃。汪直入宫后，一直在万贵妃身边服侍，他事事小心，处处讨好，万贵妃和宪宗对他十分满意。

在皇宫里混，跟对主子非常重要。在汪直向上爬的过程中，万贵妃起到了举足轻重的作用。汪直本来就很伶俐，加上宫中争权夺势生活的磨炼，万贵妃玩弄心机的耳濡目染，他渐渐地也学了一肚子的阴谋诡计，不久就被提升为御马监太监。

成化十二年（1476），汪直升职没多久，宫中出现一件怪事：平民李子龙买通迷信道术的太监出入禁中，且与宫女通奸。东窗事发之后，宪宗认为有必要扩大自己的耳目，对东厂的办事能力也产生了一定的怀疑，于是挑选干练的宦官另设置西厂。

新机构设立，总得有人搭班子组建才行，当时宪宗对汪直很有好感，觉得他"便黠"，便任命他提督西厂。由于是皇帝一手建起的新机构，西厂比东厂权势更大，"所领缇骑倍东厂"。新官上任三把火，为了在宪宗面前表现自己的尽忠职守，汪直率兴大狱，所侦伺的范围，"自诸王府、边镇及南北河道，所在校尉罗列，民间斗詈鸡狗琐事，辄置重法"，以致"商贾不安于市，行旅不安于途，士卒不安于伍，庶民不安于业"。

他的举动很快便引起了内外大臣的反感，阁臣商辂上表皇帝说："朝臣无大小，有罪皆请旨逮问，直擅抄没三品以上京官。大同、宣府，边城要害，守备俄顷不可缺，直一日械数人。南京，祖宗根本地，留守大臣，直擅收捕。诸近侍在帝左右，直辄易置。"奏报，宪宗不得已下旨革罢西厂。朝中小人戴缙、王亿看出宪宗的心思，上疏称赞汪直。朱见深大为高兴，结果又下旨重设西厂。其间不过短短一个月。直至成化十八年（1482），汪直失宠，西厂才随之被革罢。

西厂重设后，汪直气焰更加嚣张。为了扩大自己的势力，汪直拉帮结伙，大力培植亲信，铲除异己。他与御史王越、锦衣卫百户韦瑛等人臭味相投，结为心腹，策划阴谋，制造冤狱，滥杀无辜，然后谎报皇上，邀功请赏。

西厂被撤仅一个多月，宪宗下诏又将其恢复，并仍委任汪直掌管。汪直变本加厉地打击异己，并大力安插亲信，仅用了几个月时间，汪直就逼走了带头反对他的商辂，罢免了尚书董方、薛远及侍郎滕昭、程万里、左都御史李宾等几十名朝臣，并将自己的亲信、私党一一安插在重要职位。

汪直罗织冤狱、陷害无辜已到了丧心病狂的地步，凡是不与他同流合污的人，他都要残酷迫害，睚眦必报。重掌西厂大权后，他先后制造了无数件冤案。为泄私愤，他伙同陈钺诬陷了右副都御史巡抚苏松牟俸。又大耍流氓手段，栽赃陷害，一手制造了骇人听闻的马文升案。

成化十四年（1478），崇王府内使下人杨福，因相貌酷似汪直，便诈称汪直。自芜湖、常州、苏州，到杭州、绍兴、宁波，他所到之处，有司争相奉承，连市舶司内官也不例外。甚至有人找上门托他打官司。他南下直至福州诈骗，被福建镇守太监所识破，杨福获罪被斩，轰动一时。此案虽使汪直难堪，却反映了他的尊贵地位。

成化十五年（1479），汪直开始干预边事。宪宗命汪直督抚宁侯朱永军，加强防御。翌年，又以朱永为总兵官，王越提督军务，汪直监军，抵御鞑靼首领亦思马。成化十六年（1480）用兵，汪直按照王越的计划，命朱永率大军出南路，自己与王越率轻骑沿边墙向西，商定会于榆林。西线一路行至大同，探知鞑靼军在北边的威宁海子，便选宣府、大同两镇兵2万人，分路潜行，获大胜，斩首400余，得牧畜6000余。王越因而封威宁侯，领都察院事，提督团营。

皇帝对汪直的奖励不断提高。明太祖贬抑宦官的一个措施就是不使其有恒产，"月支廪米一石足矣"。后定宦官最高品秩为正四品，按照制度，每月俸米24石。以后为了褒奖某个宦官，往往额外增加俸米。而汪直以缉事功加岁米24石，以建州功加36石，以威宁海子功加48石，以黑石崖功加300石，前后累计增加俸米408石。俸米增加的数额是宦官得到恩宠的具体体现。

随着地位的上升、权力的扩大，汪直越来越不可一世。每次出行，前呼后拥，排场十足，只要他走在路上，其他行人，不论官民，都要下马回避，主动让路，否则将会大祸临头，轻者遭受皮肉之苦，重者性命难保。即使是朝中命官，对这个无赖也只得忍让三分，倘若与他路遇，大都慌忙改道回避，唯恐惹出是非，蒙受不白之冤。兵部尚书项忠在朝中是地位较高的重臣，一天早朝，路遇汪直，项忠没有主动让道，从而得罪了汪直，汪直当场破口大骂，并指使爪牙围住项忠百般凌辱。

正所谓盛极必衰，汪直的好日子没过几年，便因为失去皇帝的宠信和支持，淡出政坛。成化十六年（1480），宪宗皇帝带着几个近臣在宫中闲逛，忽然传来一个醉汉的叫骂声，宪宗问左右："何人如此大胆，给我拉下去。"话音未落，只见一个小太监踉踉跄跄地跑了过来，一屁股坐在地上，旁若无人地又骂起来，一个近臣训斥他说："圣上在此，不得放肆！"小太监仍然照骂不误。近臣又说："汪太监来了！"小太监一听，拔腿就跑，边跑边嚷。"现在人们只知有汪太监，不知有天子。"宪宗听了，心里特别不痛快。再加上另一个太监尚铭向他密奏汪直结党营私、胡作非为的详细情报，便开始担心养狗反被狗咬。于是，宪宗从此不再信任汪直。

又过了两年，首辅万安领衔上疏，称"西厂存革实于人心治体关系最大"。万安因向万贵妃献媚，向宪宗献房中术，以及在官场上的种种表现，不但为士人不齿，也为中官鄙视。但他奏罢西厂，许多人认为他办了件好事。朝臣再次上疏弹劾汪直弄权祸国，乞求宪宗惩治汪直，汪直一伙的势力才灰飞烟灭。

西厂被撤、汪直受挫，但他并不准备有所收敛，反而咬牙切齿暗恨群臣，虎视眈眈伺机报复。他向宪宗进谗言诬告跟他作对的朝臣，矫旨斥逐了黄赐、陈祖生，革除了项忠的官籍。

西厂一罢，汪直的命运也由此而决定。成化十九年（1483）六月，汪直与总兵官许宁倾轧生隙，兵部认为应早作处分。且不说文臣武将很少敢与镇守太监抗衡，即使发生争执，皇帝也很少说太监的不是。这次宪宗却责备汪直不以"边寄为重"，剥夺了他的兵权，将他调任南京御马监太监。八月，科道官再次弹劾汪直妄报功次，侵盗钱粮，擅作威福，交结朋党。于是，汪直被降为奉御，跌入他政治生涯的最低谷。

"高攀"的政治风险：

郑旺妖言案之谜

在传统社会，嫡庶之分相当严格，宫廷中尤其如此，这关系到王朝最高统治者的人选问题。明孝宗在明朝的皇帝堆里还算不错，在孝宗朝基本没出什么大乱子。皇帝皇后之间的关系相处得也很融洽。即便如此，孝宗朝仍在继承人选择的问题上出现了各种八卦流言，其中郑旺妖言案就是轰动朝野的一件事，正德皇帝的生母究竟是谁？郑旺妖言案又是怎么回事？

　　明朝十六帝中，以嫡长子身份承继大统的十分罕见。自朱元璋确立了嫡长子继承制度，本来要传位于长子朱标（朱标为马皇后所生）。只是朱标在朱元璋生前就去世了，而且朱标出生之时朱元璋尚未称帝，马氏当时还不是皇后。建文帝不是长子，成祖朱棣是朱元璋的第四子；仁宗朱高炽、宣宗朱瞻基虽是长子，但出生时母亲尚未被册封为皇后，在"嫡"字上还要打一点折扣；英宗朱祁镇虽是长子，生母孙氏时为贵妃；景帝朱祁钰是英宗的弟弟，宣宗的次子，生母为吴妃，既非嫡子又非长子；宪宗朱见深是英宗的长子，生母为周贵妃；孝宗朱祐樘是第三子，生母纪氏当时只是宫人，6岁时宪宗才知道还有这样一个儿子；武宗朱厚照是孝宗朱祐樘的长子，母张皇后；世宗朱厚熜以藩王入继帝位；穆宗朱载垕是世宗的第三子，母杜康妃；神宗朱翊钧是穆宗长子，母李贵妃；光宗朱常洛为神宗长子，母王恭妃，在位仅一个月；熹宗朱由校，是光宗长子，母为李选侍；思宗朱由检为光宗第五子，以藩王的身份即帝位，母为刘贤妃。纵观明代十六帝，只有武宗一人是真正以嫡长子的身份登临大位的。

武宗朱厚照，弘治四年（1491）九月二十四日生，孝宗朱祐樘的长子，母亲是张皇后。他的生辰八字很特别，他的出生年月日时为弘治四年九月廿四日申时，用干支表示是这样的：辛亥年甲戌月丁酉日申时。如果按照时、日、月、年的顺序读就与地支中的"申、酉、戌、亥"的顺序巧合，在命理上称为"贯如连珠"，主大富大贵，据说明太祖朱元璋的生辰与此有相似之处。弘治十八年（1505）五月，武宗即皇帝位，在位16年，年号正德，死后葬北京十三陵之康陵。史书上说武宗是孝宗和皇后张氏的嫡长子，像他这样既为嫡子又是长子的情况在注重礼法的社会中是天然的皇位继承人，可以说武宗从一出生就注定要做皇帝。孝宗欣喜异常，取其名为朱厚照，希望他以后能照耀后世，5个月后就将其册封为皇太子。

这里先说说明孝宗和他的张皇后。明孝宗身世坎坷，因为小时候生活条件太差，以致成年后身体极差，即便如此，他仍坚持视朝。每日清晨视朝，遇雨免朝，仍令有事衙门堂上官由廊庑至奉天门奏事，可以说是无日不视朝。有时身体状况不佳，便自我顺养，以求调和。据说他有一首诗，常于病中自诵：

自身有病自心知，身病还将心自医。
心若病时身亦病，心生元是病生时。

这种办法对于一个体弱多病的人来说，往往是不见效果的，他居然这样支持了18年之久。

孝宗的后宫生活与他父亲截然不同。他不仅没有宠妃，甚至没有册立过一个妃嫔，只是与皇后张氏过着民间恩爱夫妻式的生活。当然这并不意味着他只同张皇后有性关系，有许多史料认为正德帝的生母便不是张皇后，而很可能是宫女郑金莲。只是这些宫人并未因皇帝的临幸与生儿育女而获得妃嫔的封号。孝宗的这些做法显然是要向人们证明他是一位严守道德规范的皇帝。

孝宗即位于当年秋季，曾欲建棕棚于万岁山，以备登临眺望。一个名叫虎臣的国子监监生上疏劝谏。国子监祭酒费訚恐怕招致圣怒牵连于己，将虎臣锁系于国子监树下，等候发落。不久，有锦衣卫官校将虎臣带到左顺门，皇帝传旨慰谕道："若言是，棕棚已毁矣。"费訚大感惭愧，虎臣则因此名闻都下。

长子朱厚照的出生不论对于国家社稷还是孝宗、张皇后夫妻都有重大的意义。孝宗和张皇后的感情非常好，一直没有选嫔妃，只有5个级别很低的夫人，这在明代皇帝中是绝无仅有的。张皇后婚后4年没有生育，当时朝臣上书请求选置嫔妃，孝宗并不理会。当然，孝宗不选妃还有另外一种说法，有人认为张皇后是个妒妇，不许孝宗再宠幸其他的女人。几年后，在朱厚照后，张皇后又生了一个儿子，取名朱厚炜，只是不久就夭折了。这样，孝宗就只有武宗这么一个皇子，因此对其非常宠爱，正是孝宗的溺爱，使得后来的武宗任意妄为、荒唐绝顶。

据说朱厚照本来是一个聪明孩子，孩提时"粹质比冰玉，神采焕发"，性情仁和宽厚，颇有帝王风范。8岁时，在大臣的请求下，朱厚照正式出阁读书，接受严格的教育。朱厚照年少时以聪明见称，前一天讲官所授之书次日他便能掩卷背诵。数月之间，他就将宫廷内烦琐的礼节了然于胸。孝宗几次前来视问学业，他率领官僚趋走迎送，娴于礼节。孝宗和大臣们都相信，眼前的这位皇太子将来会成为一代贤明之君。当年张皇后梦白龙入腹而生朱厚照，按照传统的说法，白者乃主西方，为兵象。武宗生而好动，自幼贪玩骑射。孝宗一心想把他培养成为太祖朱元璋一样文武兼备的皇帝，所以对武宗骑射游戏颇为纵容，养成了武宗日后尚武的习气。等到孝宗意识到这一点时，已经来不及了。为了避免儿子玩物丧志，孝宗在病逝前一天，特意把大学士刘健、谢迁、李东阳召至乾清宫暖阁，委以托孤的重任："东宫聪明，但年尚幼，好逸乐，先生辈常劝之读书，辅为贤主。"

然而这个受到上天眷顾的真命天子的身世并不那么简单，似乎有很多隐秘的事情掺杂其中。从武宗出生那一刻起，关于他生母不是张皇后而另有其人的说法从来没有停止过。张皇后是河北兴济（今河北沧州）人，成化二十三年（1487）选为皇太子妃。孝宗即位后，册立为皇后。张皇后婚后 4 年没有生育，心理压力非常大。大臣们很是着急，纷纷上书请求皇帝选妃以广储嗣。孝宗表面上满不在乎，但心里也是有些着急。笃信道教的孝宗就和张皇后在宫中斋醮求子，一连几个月。弘治四年（1491）九月，宫中传出喜讯，张皇后生下皇子了！

举国欢庆之余，各种流言随之而起，有许多人推测这个皇子不是张皇后亲生的。主要的原因是张皇后生下皇子的消息过于突然，事先竟然一点征兆都没有，联想到前朝故事，人们难免在背地里嘀嘀咕咕。皇后婚后 4 年没有生育，难道这次真的是感动神灵而得子吗？当时张皇后因为既未生育又不让孝宗选妃而承受了巨大的压力，成为人们私下里埋怨的对象。有人怀疑张皇后自己不能生育，就抱养其他宫人所产之子，这样既避开了人们的指责，又可以巩固自己的地位。

但是，怀疑张皇后没有生育能力是没有根据的，因为 3 年后她又生育了另外一个皇子朱厚炜。然而流言并没有因此而停止，反而传播到全国各地，并引发了一个轰动一时的大案。这个案子发生在弘治年间，称为"郑旺妖言案"。

郑旺是武成卫的一名士兵，家境贫寒。他的女儿郑金莲12岁进了宫。郑旺通过太监刘山，时常与宫中的女儿联系。郑金莲也托刘山送些衣物给郑旺。郑旺拿着宫中的衣物四处炫耀，吹嘘女儿得到了皇帝的恩宠。别人讨好他，就称他为"郑皇亲"。

张皇后生下朱厚照后不久，就有流言说皇子其实是郑金莲所生，并被张皇后强行抱了去。这件事闹得满城风雨，但大部分人都只当作是无聊八卦，并没有人认真追究。谁知十几年后，即弘治十七年（1504），孝宗考虑到这种说法会影响到朱厚照的政治地位，遂命人将郑旺、刘山等人捉拿到官，并兴师动众地要亲自审问，难道是孝宗怕外臣知道宫中的秘密？御审的结果是刘山以干预外事的罪名被处死，郑旺以妖言罪、冒认皇亲罪被监禁，郑金莲被送入浣衣局。案件的结果有几处不寻常之处：这个案件中只有太监刘山被杀，有人推测这是杀人灭口；而比刘山罪情更重的郑旺却只是监禁，武宗即位后又被释放出来，此中莫非别有隐情？其他的文献透露出某些蛛丝马迹来：据翰林院王瓒的记载，他在司礼监教太监识字时，见两个太监将一个女人押入浣衣局。浣衣局的看守见到来人，肃立两旁，态度十分恭敬，可见来人非同一般。这个人难道就是诞下皇子的郑金莲？

案情在武宗即位后又有新的发展。正德二年（1507），被释放的郑旺仍然坚持他的女儿生了皇子，因而谣言再起。他的同乡王玺打通关节，闯到东安门，声称上奏当今天子的"国母"被囚禁的实情，郑旺、王玺又因此被捕入狱。审判之时，郑旺多次声称自己无罪。最终，他以妖言罪被判死刑。为何两次都是妖言罪，结果大相径庭呢？

很多人推测会不会是因为第一次审判时值孝宗与张皇后关系紧张，因此判罚宽松，似乎有意保全郑旺；第二次审判，孝宗已经驾崩，武宗刚刚即位，而且嫡长子身份又是何等神圣的光环，对于自己的政权十分重要，因此即使武宗为郑金莲所生，他又怎会相认？毕竟这对于自己、对于孝宗、对于张皇后乃至对于明廷而言，都不是一件光彩的事情。

郑旺一死，流言戛然而止，关于武宗身世的"郑旺妖言案"就这样无声无息地结束了。摆脱了身世的困扰，武宗又可以以嫡长子的高贵血统名正言顺地坐在高高的皇帝宝座上，享受着皇权带来的种种特权，过着纸醉金迷、为所欲为的闹剧般生活。

走不出青春期的荒淫少主：

明武宗豹房与宣府之谜

个性解放和恣意妄为是两种完全不同的人生态度。有人为明武宗翻案，认为武宗想打破加在他身上的某些禁锢，想按照自己的真实想法办事，即使这违背了历朝祖训、社会习惯，也在所不惜。他甚至给自己封王，这样一个荒唐糊涂的皇帝，很难说有什么个性解放的意识，不过是一个被宠坏了的孩子。为了让自己过得更舒服，武宗生活无节制，拿出大笔的银子为自己兴建别墅，宫里的美女不能满足他的需要，就扮成采花大盗四处强抢民女，并将其安置于自己的行宫宣府。这样的家伙，如果没有权力依托，早就被判死刑十回八回了。明武宗到底是怎样一个人？他的欲望与他的豹房、宣府有怎样的故事？他的胡闹究竟给明朝带来哪些灾难性的后果呢？且容慢慢道来。也许常人很难想象，武宗一点也不留恋象征权力和地位的金碧辉煌的紫禁城。

　　明武宗继位时，刚刚 14 岁，正属于青春叛逆期，需要有人好好管束。奈何生为独生子的他是货真价实的小皇帝，少年天子武宗登临龙廷宝座，凭借皇帝至高无上的权力，自然不用装样子给别人看，可以随心所欲、为所欲为了，贪玩好动的本性不久就暴露了出来。

　　首先他废除了会限制自己出游和胡闹的尚寝官及文书房侍从皇帝的内官。逃学更是家常便饭，为皇帝而设的经筵日讲，他更是以各种借口逃脱，根本就没听几次。发展到后来连早朝也不愿上了，为后来世宗、神宗的长期罢朝开了先河。反正不用依靠上朝养家糊口，少年天子心里，只有享乐最重要，工作、责任、义务什么的，不值一文。

皇帝如此，诸位大臣不敢怠慢，轮番上奏，甚至以请辞相威胁，请求皇帝以国家社稷为重，好好念书。小皇帝玩兴正高，哪能听进去这些？不过口头上还要敷衍一下，只说"知道了"，实际上依旧我行我素，大臣们也无可奈何，可见少年武宗之顽劣。

正德九年（1514）正月十六日，宫中元宵节放烟花，不慎失火，殃及宫中重地乾清宫。乾清宫是内廷三殿之首，象征着皇帝的权力和尊贵的地位。武宗见火起，非但没有下令扑救，反而跑到了豹房观看，谈笑风生。回头对左右说："好一棚大烟火啊。"这样的皇帝，真是世间少有。

俗话说学好不容易，学坏快着呢。如果武宗身边都是些正人君子，又有人能够及时限制他，也许这孩子还有得救，只可惜武宗身边的"八虎"不教他勤政爱民，而是顺着他顽劣的性格，引诱他走向歧途。"八虎"是指八个人，确切地说是指八个太监，包括刘瑾、马永成、高凤等人，其中以刘瑾为首。刘瑾为人阴险狡猾，想方设法鼓动武宗玩乐，每天进奉鹰犬狐兔，还偷偷带武宗出去逛，哄着武宗高兴，因此很受武宗的宠信，并逐渐掌握了大权，人称"立地皇帝"。

刘瑾，今陕西兴平市人。本姓谈，后依靠刘姓太监进了宫，便改用刘姓。在朱厚照做太子的时候，刘瑾就在身边侍奉。刘瑾深知只要照顾好太子，自己就会成为新皇帝身边的功臣，权力、富贵会接踵而至。武宗即位后，深得武宗的信任，被提升为内官监，掌握北京的军队，权力很大。

刘瑾担心其他七虎受到武宗的宠信而导致自己失势，所以常在武宗面前讲其他七人的坏话。一次，武宗想调张永到南京闲住，圣旨还没下达，刘瑾就要驱逐张永出宫。张永知道自己是被刘瑾陷害的，跑到武宗面前申诉。刘瑾与之对质时，张永气愤得要挥拳打刘瑾，被谷大用等人费力拉开。武宗令二人摆酒和解，但嫌隙渐深。后来，杨一清就是利用张、刘的矛盾，游说张永除去刘瑾。八月，张永、杨一清班师回朝。献俘礼毕，武宗置酒慰劳张永，刘瑾、谷大用等人皆在座。夜深时，刘瑾起身回府。张永见时机成熟，从袖中取出弹劾刘瑾的奏章，奏明刘瑾违法犯纪十七事，指出安化王造反皆因刘瑾，更说刘瑾有反叛之心，欲图谋不轨。武宗已有醉意，俯下身子问道："刘瑾果真负我？"此时，周围的马永成等人也都历数刘瑾不法之事。武宗遂下定决心，当机立断派人前去刘宅，自己则紧随其后。刘瑾听见喧哗声，披青蟒衣出，随即被缚。抄没家产时，得到私刻玉玺一枚，穿宫牌500，以及盔甲、弓箭等违禁物品，又发现他平时所用的折扇里面竟然藏有两把锋利的匕首。武宗看到此物，更加生气，他一想起平时自己的身后就有两把可以置人于死地的武器，不由胆战心惊。

明代宦官，权重之时百官无人可与之抗衡，然而生死存亡却掌握在皇帝的手中。这是明代宦官专政不同于汉唐时期宦官专政的一个特点。以往朝代宦官专政，宦官势力大到可以操纵皇帝的生死，明代却从没有这种现象发生。明代中后期，皇帝多有数月、甚至数年不上朝的现象，但这并不意味着皇帝不理朝政，失去了对国家的控制。皇帝（如武宗者）此时正是通过宦官来传达圣意，管理朝政。有野心的宦官正是利用这样的机会来狐假虎威，加强自己的权威。但是，这种权力其实是皇帝给予的，是代皇帝执行的，一旦皇帝认为情势将危及皇权时，便会采取强力措施来收回这种权力。正如刘瑾、魏忠贤势大遮天者，往往只要皇帝一句话就会束手被擒，其中的道理可想而知。

正德三年（1508），武宗终于厌倦了宫内枯燥的生活，恰好新建的豹房基本完工，他索性离开了规矩多多的紫禁城，住进了没人约束自己的皇城西北的豹房新宅。豹房并非是武宗的创建,是贵族豢养虎豹等猛兽以供玩乐的地方,元朝时期已有此风气。另有虎房、象房、鹰房等处,房又称为坊,如羊坊、象坊、虎坊等,北京至今尚存此类地名。豹房新宅始修于正德二年(1507),至正德七年(1512)共添造房屋200余间,耗银24万余两。其实豹房新宅并非养豹之所,又非一般意义上单纯游幸的离宫,实为武宗居住和处理朝政之地,有人就认为是当时的政治中心和军事总部。豹房新宅多构密室,有如迷宫,又建有校场、佛寺等,像一个功能齐全的新型住宅小区。在这里,武宗每日广招乐妓承应,荒淫无度。

豹房新宅中除乐妓之外,还有武宗的义子。武宗在位短短的十几年间,曾收有100余名义子,甚至在正德七年一次就将127人改赐朱姓,真是旷古未闻。在这些义子中,最为得宠者为钱宁、江彬二人。这两个人都不是什么好东西。

钱宁,本不姓钱,因幼时被卖与太监钱能而改姓钱。其生性狡黠猾巧,善射,深为尚武的武宗所喜欢。豹房新宅的建设,钱宁出力甚多。据说武宗在豹房常醉枕钱宁而卧,百官候朝久不得见,只要看到钱宁懒散地出来,就知道皇帝也快出来了。于此不禁让人怀疑明武宗是不是个双性恋者。

江彬,原本是名边将,骁勇异常。在镇压刘六、刘七起义时,身中三箭,其中一箭射中面门,但他毫无惧意,拔之再战。因军功觐见时,他于御前大谈兵法,深合武宗意,遂被留在身边。有一次,武宗在豹房内戏耍老虎。谁知平日温顺的老虎突然性情大变,直扑武宗。武宗忙呼身旁的钱宁救驾,钱宁畏惧不前,倒是江彬及时将老虎制服。武宗虽然嘴上逞能说"吾自足办,安用尔",心里却是十分感激。

因为救驾有功,江彬逐渐取代钱宁的地位。武宗不惜拆毁京城民居,大肆营建"义子府",供江彬等人居住。

江彬深恐过气的钱宁谋害自己，就不停地向武宗吹嘘边军如何英武善战，让武宗将边军与京军互调，借以自固。明朝祖制，边军、京军不许互调。因为如果边军弱，蒙古就会入侵；京军弱，边军就会成为祸患，这是为加强皇权着想的制度。武宗不顾大臣的激烈反对，打破祖制调边军入京。不仅如此，江彬更是鼓动武宗离开京城到西北游幸。这个建议对于一向以雄武自居的武宗颇有吸引力。明武宗是一个没长大的孩子，他一直梦想着能在广阔的战场上一展雄姿，开创不世之业。再加上江彬用边地多美妇引诱他，自然更增加了武宗的兴致。于是正德十二年（1517），武宗一行浩浩荡荡来到宣府，营建"镇国府"（荒唐的武宗自封"总督军务威武大将军总兵官"，凡往来公文一律以威武大将军钧帖行之，并为自己更名朱寿，后来自己又加封为"镇国公"，令兵部存档，户部发饷。亘古以来，还没有哪个皇帝自降身份又为自己称臣的，真是视国事朝政为儿戏）。

同年十月，得知蒙古小王子部叩关来袭，武宗非常高兴，亲自布置，希望同小王子大战一场。这场战斗十分激烈，明军一度被蒙古军分割包围。武宗见状亲自率领一军援救，才使得明军解围。双方大小百余战，其间武宗与普通士兵同吃同住，甚至还亲手杀敌一人，极大地鼓舞了明军士气。最后，小王子自度难以取胜，引兵西去，明军取得了一场难得的胜利，史称"应州大捷"。

武宗是个喜新厌旧的人，镇国府建成后，他非常喜欢，甚至亲切地称那里为"家里"。正德十三年（1518）立春，武宗在宣府，照例要举行迎春仪式。以往的迎春仪式中，用竹木扎成架子，上面排放些吉祥图案，进献给皇帝，谓之"进春"。这一次，武宗亲自设计迎春仪式，花样百出。武宗命人准备了数十辆马车，上面满载妇女与和尚。行进之时，妇女手中的彩球就与和尚的光头相互撞击，彩球纷纷落下。这次迎春仪式，武宗始终兴高采烈，对自己的杰作甚感得意。

在江彬的鼓动下，武宗下令大肆修缮镇国府，并将豹房内珍宝、妇女运来，填充镇国府，似乎有常驻宣府的意思。在宣府再也不用听大臣们喋喋不休的劝谏，他下令大臣一律不许来宣府，只有豹房的亲随可以随时出入。在豹房和镇国府两处，武宗可以为所欲为、乐不思蜀。

武宗即位不久就册立了夏皇后，之后又选置了几个妃嫔。然而他很少在皇宫中居住，自然对后宫中的皇后、嫔妃并不上心。自从搬到豹房之后，身边从来不缺美女，就更少回后宫了，而是将喜欢的女人都放到了豹房和宣府的镇国府。

豹房之内，美女如云，数量之多，难以想象。这里既包括内臣进献的，也有武宗自己游幸各地带回来的美女，有教坊司的女乐、高丽美女、西域舞女、扬州少女，乃至于妓女、寡妇等各色女子。武宗过着恣意妄为的淫乱生活，极大地满足了他声色犬马的感官享受。豹房之内到底有多少女子，恐怕连武宗自己都不清楚。那些一时无法召幸的女子，就被安排在浣衣局寄养，以备武宗不时宣召。

宣府是武宗另一个淫乐窝。他刚到宣府之时，在这个远离国都的军镇，变得更加肆无忌惮。每到夜晚，武宗带上一队亲兵，在空荡的街道上闲逛。看见高墙大院的富庶之家，他就令亲兵上前砸门，然后入内强索妇女，弄得人心惶惶，家无宁日。为求家宅平安，这里的富户纷纷花大笔钱来贿赂江彬，以免除祸患。

从西北回来后，武宗又闹着要南巡。这次南巡，有人认为是武宗想要游玩寻乐。正好当时南方有宁王叛乱，武宗遂以此为借口南下亲征。然而当武宗到达河北涿县时，王守仁擒获宁王的捷报已到。武宗似乎已无南下的必要，但他多次发出诏令命王守仁不要北上献俘，好等着自己继续南征。这样一来不但能亲眼欣赏南方的秀丽景色，还能霸占许多江南佳丽。

在山东临清时，武宗竟然失踪了一个月，臣僚皆不知皇帝哪里去了。这次南巡，还引出许多风流韵事来，这就是后来《游龙戏凤》故事的原本。刘良女是大同代王府上有名的歌妓，武宗曾假扮低级军官出入于王府的教坊，因而得以认识刘氏。当时武宗在这样的风月场所中并不太引人注意，别人还以为他只是个普通的军官而已，但是刘氏慧眼识珠，认定他不是个平常人，就对他另眼相看。武宗记住了这个刘氏，后来派人将其接到北京。这就成了后来著名戏曲《游龙戏凤》的故事框架，只不过刘氏变成了李凤姐。

历史上的记载是另外一个版本。武宗在太原时见到一个艺妓刘良女，即刻被她迷住，宠爱一时。他西游宣府回来后，将刘良女安置在西苑太液池腾沼殿中，号称夫人，俗呼为刘娘娘。武宗对刘良女非常好，凡是豹房中有谁偶尔犯了小错，只要刘良女在武宗面前替他求情，武宗就不会追究。此次南巡，武宗原本要带她同行，但刘娘娘当时恰巧得病，武宗与之约定以玉簪为信物，待病好后派人来接。武宗过卢沟桥时不慎将玉簪掉落河中。及至临清，武宗遣信使接刘，但刘氏因无信物不肯来，武宗只好亲自回京，前后将近一个月。

武宗虽然阅女无数，却没有子嗣，这是他心头无法抚平的伤痛，为此他甚至导演了迎娶孕妇的闹剧。正德十一年（1516），赋闲在家的马昂为求得复职升官的机会，结交武宗身边的红人江彬。江彬极力在武宗面前赞扬马昂妹妹美若天仙，又娴熟骑射，能歌善舞。武宗一见，果然异常欢喜，不顾她已有身孕，将其从宣府带回豹房，并给马昂升官晋职。朝臣听到了一些风声，又见马昂超授右都督，知道了传闻属实，就纷纷上疏要武宗驱逐马氏，以绝后患。武宗无奈，与马氏的蜜月期一过，就顺着大臣们的意思把她打发了。这场风波才算过去。

马氏风波虽然过去了，但这件事却给朝臣敲响了警钟，意识到预备皇储的紧迫性。梁储上疏请求武宗从近亲藩王中选择二三人，放在宫内加以培养，作为将来皇储人选；如果武宗有了自己的子嗣，就将其送回。这种做法，既可以稳定人心，又保证了皇权可以顺利、平稳地传承，因而得到了很多朝臣的一致赞同，但武宗对此不予理睬。当时武宗尚不到 30 岁，身强力壮，精力充沛，他不相信自己会没有子嗣。再说，现在选立藩王之子，不就是向天下人宣告他不能生育的事实吗？因此武宗拒不立储，以至于他死了之后，出现了 30 多天的权力真空阶段。

如果有人认为武宗在豹房、宣府穷奢极欲的时候把大权放弃了，那就大错特错了。武宗虽然不入大内，但是仍时常上朝听政，批答奏章，决定国家重大事件。不愿上朝时，就通过司礼监传达自己的圣旨，命内阁执行。武宗虽然做出了许多荒唐的事情，但在权力掌控上一点也不糊涂，对权力抓得很牢。

正德十五年（1520），南巡途中的武宗于清江浦（今江苏清江市）垂钓，不慎落水受寒，身体每况愈下。次年，武宗病死于豹房，终年 31 岁，葬于昌平金岭山东北的"康陵"。

谁说秀才不知兵：

王守仁平乱之谜

明中叶以来，宗室除了霸占良田、祸害百姓，并没有给王朝造成多大麻烦，只有在武宗时出现了一次不大不小的宁王之乱。平定这次叛乱的不是朝中威武的大将军，而是中国思想史上著名的大儒王守仁（王阳明）。这次叛乱是如何发生的？王守仁又是怎样运筹帷幄，一举获胜的呢？

　　宁王一系是皇室近亲，第一代宁王朱权是朱元璋第 17 子，以善战著称于世。朱棣称帝后，便把这位善战的弟弟改封于江西，让他远离边陲，无法再发展。同时，朱棣对藩王进行了严格的限制，特别严禁他们拥有武装力量，以免他们有样学样，仿效自己昔日之举重新上演"靖难"篡夺大戏。天顺年间，当时的宁王多有不法之事，连护卫亲军也被削夺，改为南昌左卫。

　　由于刘瑾收贿后"通融"，宁王朱宸濠得以把南昌左卫军又变回为自己王府的护卫军，终于得到一支像样的武装。高兴没多久，三年后，刘瑾倒台使他所有昔日作为皆被逆转，兵部又把宁王护卫改为南昌左卫。

　　正德九年（1514），钱宁替宁王找关系打通关节，终于又重新拥有了"护卫屯田"的权力，为日后起事奠定丰厚的人员组织基础。

　　不过，宁王并非是那种城府极深能成大事的人，队伍还没成气候，他就开始自称"国主"，以护卫为"侍卫"，把王爷令旨改称"圣旨"，给时人留下诸多把柄。同时，他派手下人在江西招募大盗杨清等百余人入王府为自己效力，号称"把式"。鄱阳湖上打家劫舍为生的贼头杨子乔听闻此事，也立刻积极投靠宁王，在水面陆地肆行劫掠，帮助宁王训练手下。同时，他还延揽举人刘养正等谋臣。

朱宸濠诸多异常，一般人不敢明说，但巡抚江西的都察院右副都御史孙燧与巡抚南赣等地的都察院右佥都御史王守仁早就心中有数。特别是孙燧，由于他本人就驻派南昌，深知大变将作，就均征赋，饬戒备，实仓储，散盐利，渐次消除不利于朝廷的赋税，侦逮奸党送狱，以削减宁王的羽翼。

到了正德十二年（1517），宁王府中有几个官员上奏朱宸濠不法之事。宁王打点武宗身边的红人钱宁摆平这件事，把这些人发配的发配，下狱的下狱，并因怀疑属官周仪告密，指使贼人屠灭周仪家，杀60多人。

与此同时，朱宸濠加紧了造反前的准备工作，招募巨盗数百人，四处劫掠军民财货物资，收买皮帐，制作皮甲，私制刀枪，赶制佛郎机和火铳等火器。他还派人秘密联络漳州、汀州以及南赣一带的少数民族，约好起事时群起响应。

江西巡抚孙燧日夜忧心宁王突然造反，便以防盗为名在进贤、南康、瑞州等地修建新城，并在九江兵家重地增设防备，各设通判官，以备仓促。为避免宁王起兵时抢劫南昌武库，孙燧又以讨贼为名，把卫城兵库内的武器皆调派到外地。由于孙燧率兵捕盗甚急，宁王手下的巨盗不少人被杀或落网，急得这位王爷忙找到"老关系"陆完，让他串通钱宁等人想办法，把孙燧调走。

北京方面，太监张忠、江彬等人与钱宁争权，准备利用宁王逆谋之事把钱宁搞下去。东厂太监张锐、大学士杨廷和先前曾收受宁王大笔贿赂，但得知这位王爷实有反心，怕日后事发牵连自己，也落井下石，一起进奏朱宸濠"包藏祸心，招纳亡命，反形已具"。明武宗见这么多人如此说，立刻派太监赖义及驸马崔元等人携带敕书前往南昌，警告朱宸濠，并削其护卫。由此，宁王朱宸濠只得提前造反，当众杀掉朝廷命官孙燧、许逵二人，这二人还真是倔强，临刑不屈，破口大骂。城中人民闻之，无不流泪叹息。一不做，二不休。宁王索性命人把众官中与自己素不相偕的十多人关入大狱。

从当时理论上讲，宁王造反的口实还真不少，可以称是"清君侧"，可以称是"逐昏君"。可惜他本人就是大恶之人，所以号召力不强。

城没打下一座，宁王先大行封官拜将。委任李士实为左丞相，刘养正为右丞相，派几个贼头顺流夺船，四处收兵。开始时，叛军还挺顺利，南康、九江俱被攻陷，当地守官守将逃走。

最早声讨宁王罪恶的，是当时正提督南赣军务的王守仁。而他这次之所以能幸免于南昌之难未与孙燧、许逵等人一起被杀，还是因为当时的兵部尚书王琼有远见。王琼知道宁王早晚要反，恰值福州有小规模叛乱，他就把王守仁暂时派往福州处置此事。结果王守仁果然因外出，未被宁王在南昌宴会时逮住。

宁王六月二十四日正式造反，六月二十五日王守仁在丰城知道消息，立即往江西回赶。临江知府欢喜无限，忙把他迎入城中商议对敌之策。

王守仁虽为文臣，却极晓兵法大略，他说："宸濠若出上策，会直捣京师，出其不意，则社稷可危；若出中策，直趋南京，则大江南北一时会尽为其所据；如只据守江西省城，则出下策，可一举擒灭之！"

临江知府深以为然，他立即派人在通往北京、南京的要害处设置疑兵，又伪造朝廷早就派兵严备的假公文，故意让宁王的手下人得到，造成各处皆有准备的假象。宁王朱宸濠中计，没敢立即出兵袭击。由此，就给了王守仁非常多的调动和喘息时间。

明廷得知宁王朱宸濠造反后，根据江彬等人的建议，很快就逮捕了钱宁、陆完等人，下狱抄家。

侦知江西王守仁等人据城不出，宁王朱宸濠胆子愈大，仅留数千人守南昌，他自己与刘养正、李士实等人率领6万人，号称10万人，出江西。造反大军，先攻安庆。安庆城里，守臣守将勇武，宁王朱宸濠数日不能攻克。

王守仁得知宁王出南昌的消息，知道一切皆在预料之中，便与伍文定在临江樟树镇会兵。知府戴德孺引兵自临江，徐琏引兵自袁州，邢珣引兵自赣州，通判胡尧元引兵自瑞州，通判谈储等人各以其兵至。

听说王守仁欲攻南昌，不少人有疑义：

"宁王一直谋划造反，南昌留备必严，恐怕难以一日攻拔。今宁王攻安庆，日久不克，兵疲意沮，不如以大兵逼之于江中，与安庆守军夹攻之，必败敌人。宁王一败，南昌不攻自破……"

王守仁认为："我军如舍南昌不攻，与宁王必定相持于江上。安庆守军仅能自保，不可能抽兵增援我们。此时，宁王南昌守军可以趁机断绝我们的粮道，而南康、九江贼军又可合势出击，我们腹背受敌，肯定要吃大亏。宁王集所有精锐之兵齐攻安庆，南昌防御必薄。加上我军新集气锐，南昌定可一攻而克。宁王闻我军攻南昌，必会自安庆解围，还兵救其老巢。待其回军，我方已克南昌，宁王闻之必然夺气，首尾牵制，必为我所擒！"

果然，七月二十一日，大军齐集南昌城下，王守仁下达死命令："一鼓附城，二鼓登城，三鼓不登者诛，四鼓不登者斩其队将！"于是，号令一下，士兵蚁附。城上虽设守御，皆闻风倒戈，城门多有不闭者，大兵遂入。

南昌本是易守难攻的城池，但由于宁王暴虐，人民不附，守将怯懦，几乎没怎么招架，就被王守仁大军攻陷。入城后，王守仁安抚士民，籍封府库，城中遂安。

当时的朱宸濠正因安庆久攻不下而着急上火，亲自督兵填濠堑，竖云梯，期在必克。听闻王守仁率兵攻入自己的老巢南昌，大恐。李士实等人多谋，劝宁王舍安庆不攻，径攻南京。如果登帝位，自然占据了名义上的优势，可使江西等地自服。宁王短视小人，惦记老窝的金银财宝，没有听从李士实建议，马上要回援南昌。他从安庆撤围，立刻派二万精兵先发，他自率四万军随后继之。

七月二十三日，王守仁率诸将在樵舍迎击宁王朱宸濠叛军，败其前锋。转天，黄家渡一战，又大败叛军。

至此，宁王的先遣军，已经完全被消灭。宁王本人乘舟夜泊，泊地名为"黄石矶"。他问从人当地何名，南人"黄""王"二音不分，对曰"黄石矶"，宁王听成"王失机"，大怒，立身挥剑，把答话人脑袋砍掉。叛军见兵败，军心已经溃散，逃兵日多。

事已至此，已无退路。宁王朱宸濠大赏将士，奖当先者千金，受伤者五百金，并招南康、九江贼兵前来汇合，并力合战。重赏之下还真有勇夫。叛军拼死前冲，杀掉官军数百人。吉安知府伍文定虽是文臣，提剑监军，急斩先退者数人。他身先士卒，站立炮铳之间，大火焚其须髯，伍文定坚守不动。见伍知府如此，众军勇气倍增，殊死抵拒，兵势复振。不多时叛军队伍溃散，时至此刻，宁王朱宸濠万念俱灰，与嫔妃泣别，成百绝色佳人知道造反被抓没什么好结果，皆赴水自杀。至于宁王本人、其世子，以及李士实、刘养正等数百贼头，皆被生俘。官军把朱宸濠一行人押上囚车返回南昌，军民聚观，欢呼之声震动天地。

宁王已被活捉，京城内的明武宗高兴非常，借"亲征"之名南巡，以尽游玩之乐。农历九月间，明武宗至南京，王守仁又欲到南京献俘，仍不被允。江彬、张忠等人深知皇上爱玩的心性，想让王守仁把宁王一行人放归鄱阳湖，以使明武宗能亲自率军与其"交战"，而后再奏凯论功。王守仁不得已，连夜过玉山，押解宁王一行叛将取道浙江以进。这时候，大太监张永在杭州正等着王守仁，准备让他纵俘鄱阳湖，以使皇帝能亲自"打猎"。

王守仁见张永，苦求道："江西之民，久受宁王荼毒，今经大乱，又继以旱灾，加之供京军粮饷，困苦已极。如再有苦压，一定会啸聚山谷为乱。如果此时放宁王入湖，兵连祸结，何时有个结局啊！"

张永深以为然，却也无可奈何。王守仁将宁王一行贼人转交张永，连夜返回江西。王守仁再上奏疏，称"奉威武大将军方略讨平叛乱"，即把大功归于武宗皇帝及其左右。

张永回南京后，见武宗皇帝，极言王守仁忠臣，良可信赖。本来，江彬等人事先已经在武宗皇帝前进谗言，讲王守仁本来依附宁王朱宸濠，后来见其不能成功，才反手一击擒宁王。经张永大公公一番释疑解惑，武宗皇帝终于相信王守仁是"好人"。于是，他下诏命王守仁巡抚江西，并擢升吉安知府伍文定为江西按察司使。

年底，宁王一行俘囚槛车至南京。武宗皇帝想自以为功，就与江彬等诸近侍戎服骑马，大列队伍，出城数十里，列俘于前，作凯旋状。宁王朱宸濠被囚一年后，正德十五年（1520）年底才被赐死，并被焚尸扬灰。宁王之乱，终于尘埃落定。

王守仁方面，平宁王之乱，立下如此殊勋，但终武宗之世一直未叙功。明世宗入统，很想召王守仁入朝，并下诏封其为"新建伯"。但是，王守仁与兵部尚书王琼关系好，阁臣杨廷和与王琼不睦，不少大臣嫉妒王守仁功劳，皆以"国哀未毕，不宜举宴行赏"为名，阻止他入京。虽然稍后任命他"南京兵部尚书"这样一个虚衔，"然不予铁券，岁禄亦不给"。忧恨之下，王守仁拒不上任，病辞归家。

狼狈为奸是怎样炼成的:

嘉靖大礼仪之谜

明武宗好色荒唐，死的时候连个儿子都没有，只能遗诏让在安陆的堂弟兴王朱厚熜继承帝位。朱厚熜时年 15 岁，乃明宪宗二儿子兴献王（谥号）朱祐杬的独子。由于兴献王是孝宗亲弟，明武宗死后，朱厚熜以堂弟身份"兄终弟及"，也合乎帝王承继的传统。然而，这位继位的嘉靖爷不是什么省油的灯，甫一继位，就弄出一场大纷争来，这就是历史上的大礼仪，即嘉靖皇帝处心积虑要让自己的亲爹亲妈死后享受皇帝皇后的称号，由此引发朝臣的大争论。这看起来是一件小事，为什么会让无数的人卷入其中，甚至丢掉性命呢？先从嘉靖皇帝入京说起吧。

正德十六年（1521）五月，朱厚熜由安陆入京。朱厚熜少年老成，本性阴沉，又不喜动，天生就是搞政治的材料。行至良乡，接到礼部公文，见上面有让他入宫先为"皇太子"的安排，朱厚熜很不高兴，回复说："遗诏让我当嗣皇帝，怎么又出来这种事？"显然，明廷大臣们是想他以"皇太子"身份继统为帝。朱厚熜忍下心中的不快，继续赶路。这位心思缜密的少年知道皇位不能空太久，利用这点和群臣打起了时间战。到了北京城以后，不肯入城。坚持明武宗遗诏中的"接班人"人选天下皆知，再怎样也不可能另外推一个"嗣皇帝"出来，杨廷和等人拗不过少年朱厚熜，只得授意群臣劝进。

朱厚熜这才答应入城。他由大明门入宫，拜谒大行皇帝（明武宗）梓宫后，又见宫内的皇太后（武宗生母），然后出御奉天殿登上皇帝宝座，改元嘉靖。

世宗厚熜即位后，下诏大赦天下，尽革明武宗时期弊政。在平反昔日蒙受不白之冤官员的同时，处决、惩治了前朝许多跋扈的文武官员。

同时，嘉靖皇帝派人往安陆迎接其母，并下令朝廷礼部官员集议如何崇祀他自己的生父兴献王。在当时的继位诏书中，有"奉皇兄遗诏入奉宗祧"一语。这位少年皇帝要在朝堂树威，消除前朝的政治阴影，于是费尽心思要尊崇自己的本生父母。古人崇孝，所以嘉靖皇帝抬高自己父母的地位，符合孝道。另一方面，继承制度又讲究宗法，不能随便更易，这在当时是天道大经，为臣子者不争这些原则问题，就是不忠。所以，大臣们才如此纷争嚣嚣，数年不绝。

嘉靖抛出难题，是想要试探大臣们的反应。大学士杨廷和不太明白少年天子的心思，依据汉代定陶王、宋代濮王旧例，认为新皇帝应以明武宗为皇兄，以明武宗之父明孝宗（嘉靖的伯父）为皇考。这样一来，就只能让新帝以其生父生母为皇叔父、皇叔母。同时让益王的儿子朱崇仁过继给死去的兴献王为"儿子"，延续香火。

这种安排，嘉靖皇帝十分不满意，说："父母岂有能更换的，再议！"

杨廷和等大臣60多人上疏力谏，新帝不听。

朝堂之上，不全是正直的大臣。这时特别需要会揣摩上司心理的投机分子，于是新科进士张璁隆重登场了。他先通过老乡、时任礼部侍郎的王瓒当众散布消息，表示新皇帝入继大统，并非是以别人"儿子"的身份嗣承帝位，与旧日汉哀帝和宋真宗时代之事全然不同。杨廷和很讨厌王瓒这种卖巧行为，指派言官劾其过失，把他贬往南京。

张璁中进士时，已经快50岁了，是个日暮途穷、潦倒落魄、投机取巧的中年知识分子。而那位与他臭味相投一同钻营的桂萼，也是在官场多年而不受人待见的中年人，很想搏一把以出人头地。有一点要说明的是，张璁为人善钻营，日后又觉自己名字中的"璁"与皇帝名字"厚熜"犯讳，主动要求改名。嘉靖皇帝大喜，钦赐其名为"孚敬"，字茂恭。所以，读明朝史有时看到张孚敬，其实这个人就是张璁。

张璁遭受打击，并不甘心，随时打探北京的消息，他听说新帝不停让礼部集议对其生父的尊崇之礼，便投石问路，呈上《大礼疏》一篇文章，把"继统"和"继嗣"问题抛出，正中嘉靖的下怀，少年皇帝大喜。他因年少积累不够，没有深厚的"理论"依据。至此，如获至宝之余，少年嘉靖皇帝命司礼监宦官把疏议送内阁，传谕说："此议实遵祖训，据古礼，你们这些人怎么没有这种想法！"

杨廷和见疏大怒："书生焉知国体！"这位跟不上形势的阁臣马上进宫，想给皇帝摆事实讲道理，结果自然是白费口舌，还惹得皇帝老大不高兴。嘉靖不理会杨廷和的反对，降手敕给阁臣："卿等所言，俱有见识，但至亲莫过于父母，今尊父为兴献皇帝，母为兴献皇后，祖母为康寿皇太后。"

杨廷和身为首辅，很是坚持原则，封驳皇帝的手敕，上言道："皇上圣孝，出于天性。臣等虽愚，岂不知《礼》中所谓所后者为父母，而以其所生者为伯叔父母。盖不惟降其服，而又异其名也。臣等不敢阿谀顺旨。"接着，几位御史、给事中等言官也交谏张璁议疏的偏狭，希望嘉靖皇帝"戒谕"张璁这等躁进之人。

由于刚登大宝，少年皇帝还不敢太与大臣们较劲，只得让礼部继续商议此事。十月份，嘉靖帝生母兴献王妃蒋氏行至通州，由于名号位号未定，自己儿子又当上了皇帝，她听说廷臣们想让儿子尊明孝宗为"皇考"，大怒道："怎么这些人竟敢把我儿子当成别人的儿子！"便赌气待在通州不往前走了。

嘉靖皇帝闻此，涕泣不止，忙入内宫对明武宗生母慈圣皇太后张后表示"愿避位奉母归养"，做出一副为了老娘不要江山的架势，众臣顿时十分尴尬，皇帝之位不能空着，群臣只得退让。

见施压起到了作用，少年皇帝下旨："本生父兴献王宜称兴献帝，生母宜称兴献后"，并诏示大臣开大明中门奉迎他的生母蒋氏。当然，嘉靖帝也做稍许退让，没敢再坚持让生母谒太庙。本来明廷有祖制：妇人无谒太庙之礼。

朝臣之中，多数都是见风使舵者，如兵部主事霍韬等人，见张璁因巧言讨皇帝喜欢，有样学样，开始上疏附和张璁疏奏。嘉靖皇帝看到这种情形，追尊亲生父母的决心日益坚固。

首辅杨廷和很看不上张璁这样不择手段的小人，便外放他为南京刑部主事。张璁怏怏而去。

嘉靖帝得寸进尺，追生父为"兴献帝"后，又下御札，批示礼部在兴献帝、兴献后的称呼中再加上"皇"字。这样的称谓与礼制不合，杨廷和等人力争。嘉靖帝推说是太后的指示。杨廷和一气之下，自请罢归，嘉靖当然不能刚当上皇帝，就把首辅罢黜，没有批准杨廷和的请求。这个时候，朝臣尚有一定能力制衡皇帝。给事中朱鸣阳等百余官员不依不饶，上章进谏，表示不宜对皇帝的本生父母加"皇"字，嘉靖不听。恰巧，嘉靖元年（1522）春正月，清宁宫发生火灾。杨廷和等人上言，认为这是"天意示警"，小皇帝一时间也不敢再有进一步举动，便下诏称明孝宗为"皇考"，明孝宗皇后张氏为"圣母"，并称兴献帝、兴献后为"本生父母"，不再加"皇"字。

一波刚平，一波又起。总有些求进的小人利用此事在皇帝跟前露脸。巡抚湖广的都御史席书上疏劝嘉靖皇帝在改元之际把兴献帝定为"皇考兴献帝"，在大内别立一庙加以崇祀，祭以天子之礼。嘉靖帝生母蒋氏，应称

146

"皇母某后"；吏部员外郎方献夫也上表，力劝嘉靖帝改称明孝宗为"皇伯"，称生父兴献帝为"皇考"。二人上疏，杨廷和等人压下来不报，暗恨二人媚上多事。

到了嘉靖二年（1523），不顾群臣反对，嘉靖在安陆的兴献帝庙祭祀时行用太庙一样的大礼。年底，人在南京的刑部主事桂萼与张璁二人经过谋划，又上疏再言"大礼"。同时，他们附送先前未达嘉靖皇帝御览的席书和方献夫二人疏奏作为"声援"。

嘉靖帝位一稳，首先就罢免了处处和自己过不去的大学士杨廷和。这时朝中的反对派还有很多，礼部尚书汪俊等朝中大小臣工250多人独署或联署80多篇奏章，请求嘉靖帝依部议行事。反观张璁、桂萼一方，只有寥寥四个人声气相同。嘉靖帝很恼怒，忍了数日。不久，楚王朱荣诚等人及锦衣卫千户聂能迁等人想讨赏讨官，便上书附和张璁。嘉靖帝感觉到了这股支持力量，下诏调桂萼、张璁二人由南京来北京。

吏部尚书乔宇、杨慎（大学士杨廷和之子）等人纷纷上言，劝嘉靖帝罢免张璁、桂萼二人以平息"邪说"。结果，皇帝反其道而行之，任张、桂二人为翰林学士，反而谴责乔宇、杨慎等人。

张璁、桂萼二人得到新官职后，更加肆无忌惮，忙不迭上疏言"大礼"，有13条之多，均为嘉靖帝采纳，并命礼部官员施行。

激于义愤，杨慎在下朝后对群臣讲："国家养士150年，仗节死义，正在今日！"大家纷纷响应，几百人一齐跪在左顺门，还有不少人边大哭边高叫"高皇帝""孝宗皇帝"，声达内殿。这一来，惹得嘉靖帝暴怒，命司礼监宦官把哭宫的所有大臣名字全部记上，然后命锦衣卫按名逮人，第一天就把143人下狱，其余86人待罪。拷讯之后，下令杖罚五品以下官员，编修王相等17个人被活活打死，并把杨慎等人谪贬远荒之地。十月，嘉靖帝下诏改称明孝宗为"皇伯考"，布诏天下，还准备把他生父兴献帝的灵寝迁入北京，有官员劝说"帝魄不可轻动"，这才没有搬动死人入京。

可叹的是，杨慎当时 30 出头正当年，此人浊世翩翩佳公子，是正德六年（1511）状元郎，中举时年仅 24 岁。由于带领群臣哭宫，他被杖打后，又由嘉靖帝下旨贬往云南永昌卫，一去就是几十年光景，嘉靖三十八年（1559）客死异乡。

嘉靖四年（1525），嘉靖帝在皇宫内为其生父"兴献帝"立"世庙"，迎其神位于观德殿。此时，群臣因高压反对意见日稀，纷纷表贺，并进献《世庙乐章》。又过了三年，《明伦大典》撰成。始作俑者张璁被封为谨身殿大学士，任太子少保兼太子太傅、吏部尚书。平时奋斗几十年才能当上首辅，由于他首议"大礼"，六七年工夫就窜至权力的顶端。

时值嘉靖帝生母蒋氏生日，嘉靖帝大摆宫宴，命妇人纷纷上笺祝贺。只过了几天，又遇明武宗生母张氏生日，嘉靖帝偏心，下旨免命妇入宫朝贺。此举引起在朝官员不平，纷纷上疏进谏，均被嘉靖帝下旨逮入诏狱拷讯。张太后不会来事，对待意外藩王妃入宫的嘉靖帝生母不是特别客气，引起当今皇帝怀恨在心。后来，张太后弟弟张延龄被人告发不法之事，张太后向侄子皇帝请情，遭到严词拒绝。不仅如此，嘉靖帝还把太后的另一个弟弟张鹤龄也逮入诏狱刑讯致死。张太后惊恐过多，不久暴崩。嘉靖帝又下旨杀了她活着的弟弟张延龄。由此，可以看出嘉靖帝本性极差。假如当初张太后反对他入统，皇帝这位子绝非他能坐上。

四月间，嘉靖帝下令，称生父兴献帝为"本生皇考恭穆献皇帝"，其生母为"本生母章圣皇太后"。为此，礼部尚书汪俊求去，嘉靖帝罢其官职。

由南京而来的张璁、桂萼二人行至半途，见到诏书后，又起新点子，认为诏书内有"本生"的字眼是礼部官员阴谋，佯为亲尊，实则疏远，应该直接称嘉靖帝生父为"皇考"，前面不宜带"本生"二字的帽子。嘉靖帝认为他们说的很对，按章修改，去掉"本生"二字。廷中众臣闻言，深恶桂、张两个小人多事，纷纷扬言说二人入北京后要杀掉他们。这两个书生闻言，入北京后就装病，不敢出门，怕被群臣当众殴打。

张璁、桂萼二人得手后，嘉靖帝追崇其生父的事情获得阶段性成功，但也不敢马上擢拔二人入阁。他们岁数虽不小，但资历太轻，声望又低，皇帝怕再遭阁臣封驳和言官疏论。当时的首辅费宏表面上不似杨廷和那样锋芒毕现，内心却极鄙张、桂二人，常暗中使绊。张、桂二人挟恨，便劝嘉靖帝招前朝重臣杨一清入阁替代费宏任首辅。杨一清就是当年和太监张永设计干掉刘瑾大公公的主谋，为人名声好，嘉靖准奏，由此杨一清重入内阁。但依明朝政府内不成文的律例，首辅一般都要是中举时三甲的中选人士，费宏是状元出身，又是现任首辅，杨一清把他即时顶下去，从情从理说不过去。正好，费宏儿子在老家犯法被关，张璁等人趁机联合几个言官劾奏费宏。费宏只得自己上章求辞，嘉靖皇帝很快御批准辞，费宏只好灰溜溜走人。

杨一清与张、桂二人相处日久，因处理锦衣卫指挥聂能迁一事意见不同开始分道扬镳，最终发展到在皇帝面前互相攻击。相比之下，杨一清在嘉靖帝眼中"道德"形象的分量更重一些，一怒之下，他下诏把张、桂二人削职。但毕竟是自己铁杆，没过多久，嘉靖帝把二人先后召还入朝。

经过一次忽然打击，张璁"乖"了许多，对嘉靖皇帝更加谨慎小心，并取代杨一清当上了"首辅"。先前属于"激进派"的张璁，一改昔日面目，变成凡事以因循为准则的保守派。后来，嘉靖皇帝日益沉迷道教，又要搞新花样，张璁不愿多事，非常"持重"地劝皇帝没必要弄"分祀"。

世事轮回，报应不爽，张璁从哪里发迹，又在哪里翻船。他苦口婆心地劝皇帝遵循旧例，一如以前的杨廷和，而给事中夏言上疏皇帝，大力赞同进行"天地分祀"，一如从前的张璁。张璁闻之大怒，如今角色互换，他变成了昔日杨廷和一般的保守派，便示意心腹霍韬等人拟文驳斥夏言。一伙人宣泄畅意，很是痛快。可他们忘了一件重要的事情，嘉靖皇帝与夏言二人意见相同，骂夏言，实际上就是不给皇帝面子。果然，嘉靖帝大怒，在把霍韬投入大狱的同时，对夏言升官晋爵，以示殊宠，并破格把他擢为侍读学士。

从朝野两方面讲，张璁先前兴"大礼仪"搞事，得罪人无数，独霸朝局，与桂萼联手整治异己，在许多人眼中的形象就是权势熏天的"黑老大"。夏言扬眉剑出鞘，敢于与当朝首辅叫板，大家觉得为众人出了一口恶气，根本没人去想这位夏言要皇帝进行"天地分祀"其实也不过是拍马屁而已。

待张璁回过味儿来时，朝议清议已势如潮水，感到自己失去皇上眷顾，只得悻悻然辞去，退休回家。这是嘉靖十四（1535）年的事情。

张璁虽离职，并未惹嘉靖帝深恨，毕竟他是这位皇帝初入皇宫时最得力的依托者。嘉靖十四年，张璁患重病，皇帝还不时遣宦官到其家中送医送药，并赐皇帝自己平时服用的"仙丹"。又过三四年，张璁终于病死于老家。嘉靖帝闻之震悼，认为这位臣子当初能"危（己）身奉上"，定其谥号为"文忠"，追赐太师。

张璁一去，按顺序阁臣翟銮升居首辅。夏言于转年入阁，以礼部尚书、武英殿大学士身份参与机务。虽然排名在他前面的有崔銮和李时，可夏言如日中天，翟銮又是一个橡皮图章加橡皮泥一样的官场"老好人"，因此，实际主持政务的非夏言莫属。

不专业的专业主义：

青词宰相严嵩浮沉之谜

骑白马的不一定是王子，很可能是唐僧。文采好、写字漂亮的未必是好人！严嵩诗词、书法都是一流水准，但他却是历史上数一数二的贪官，聚敛的财富连和珅大人都要自愧不如。严嵩发迹、擅权乃至败亡固然有其个人奋斗的因素，但时代环境也十分重要。他究竟是怎样一步步爬上去，又是怎样掉下来的呢？

历史上的严大学士，风神相秀，玉树临风，眉目疏朗，音声宏阔，是标准的帅哥模样。严嵩，字惟中，号介溪（又号勉庵），成化十六年（1480）生。家境平平，"学而优则仕"，他通过科举正途一步一步走向权力中心。弘治十八年（1505），严嵩中进士，二甲第二名，得入翰林院，时年26。正德三年（1508），其祖父去世。转年，其母亲又因病去世。严嵩从当时的礼制和道义上必须回家守丧三年。福兮祸兮，隐退使得严嵩避免了正德一朝的政治斗争，也免遭政治迫害。

严嵩在老家诗酒自娱，并非真隐，一直敏锐地保持政治嗅觉，与朝野名流李梦阳等人往来密切，诗文唱和。正德十六年（1521）明武宗驾崩，明世宗嘉靖时代来临。很快，就是"大礼仪"而引致的纷争，杨廷和父子等旧臣纷纷被贬斥，朝臣面临全新洗牌的局面。经过数年争斗，嘉靖帝与张璁一派大获全胜。

经过"大礼仪"，杨一清主政、张璁执政，再至夏言入阁等一系列的政治斗争，牵涉无数人员的利害关系，时而制衡，时而联动，派系如山头林立。当一个朝代趋至鼎盛后，政治中心内部肯定会因权力分配滋生门户党争，量变、质变，最终侵蚀王朝的机体。

夏言当了实际的首辅，他又是江西人（贵溪），同为老乡的严嵩自然感到了机会来临。在中国古代，同乡情谊是官场关系中最易结攀的条目之一，低眉顺目加上老乡之间交谈中的亲切乡音，使夏言对严嵩印象很好，刻意对严嵩加以提拔。

由于欣赏严嵩对自己诚惶诚恐、恭顺有加的态度，夏言便把这位老乡提拔为礼部尚书。嘉靖十七年（1538），嘉靖帝心血来潮，又想让自己生父兴献帝像正式皇帝一样称"宗"，把神位迁入太庙供奉，下礼部集议。严嵩想打马虎眼，上疏言事时模棱两可，与礼部官员议事时也推三阻四，想以"拖"字诀把事情搁置下来。嘉靖帝眼里不揉沙子，大恼之余，勤奋创作，亲写《明堂或问》一文，遍示群臣，气急败坏地书面质询大臣们："为何朕父不能入太庙"？

严嵩见此情形，立即表明自己支持皇帝生父入太庙的立场，并详细考订古制，撰写入庙礼仪的每一个步骤和细节，从优从崇，使得"入庙礼"盛大而隆重，终于博取了嘉靖帝的欢心。礼成后，严嵩获赐金币，深得皇帝眷宠。一不做，二不休，严嵩又上疏，建议"尊文皇帝称祖（朱棣），献皇帝（嘉靖生父）称宗"，皇帝采纳，朝廷下诏，尊太宗文皇帝朱棣为"成祖"，嘉靖生父献皇帝为"睿宗"。

此次以后，严嵩一心要以皇帝为指南针，唯有皇帝的眷念和呵护才是脚跟立稳朝堂的不二法门。

嘉靖帝生父入太庙大礼后不久，严嵩上奏说天上出现"庆云"，认定是皇帝孝感上天。他奋笔疾书，呈上两篇马屁文章《庆云赋》和《大礼告成颂》，嘉靖览之甚悦，并加严嵩太子少保。不久，严嵩从幸作陪臣参加各种礼仪，获得的赏赐数目已经与几个阁臣一模一样。

这时，夏言见严嵩如此受宠，心中很不是滋味，开始对这位老乡疏忌起来。严嵩深知现在还不能与夏言闹翻，事之愈谨，夏言则仗着老资格处处给严嵩脸色看。严嵩恨得牙根痒痒，但仍旧一脸诚敬，大事小事皆拿给夏言参决。

严嵩能得到嘉靖的眷宠，不仅仅是依靠好印象和依顺帝意，办事麻利，关键之处在于：严嵩擅长撰写嘉靖帝醮祀时必用的"青词"！所谓"青词"，就是嘉靖帝在拜礼时表达自己敬崇的表章，一般用朱笔恭写于青藤纸上，所以叫"青词"。皇帝本人恭读后，礼拜，然后把"青词"焚烧。虽然"青词"纯属诞妄不稽的东西，但撰写需要擅长汉赋骈体长文，需要极高的艺术修养，不是一般只读经学文章的文人所能写出的。再者，嘉靖帝对"青词"要求非常高，绝对是既要有华丽的辞藻做形式，也要有深刻的实在语言。所以，对大臣们来说，撰写几万字的军国大事建议书，反而不如绞尽脑汁写千把字"青词"给皇帝留下的印象深刻。嘉靖时入阁，多由"青词"引路。夏言得进，也正是因为他受任为"醮坛监礼使"，大写"青词"，给嘉靖帝留下深刻印象。

严嵩在一心一意讨好嘉靖帝的同时，时刻准备构陷夏言。夏言有所察觉，就嘱托自己当言官的党羽上章弹劾严嵩。但是，当时的严嵩深为嘉靖帝所信任，御史、言官们越弹劾他，皇帝反而愈信任他，认定严嵩正是因为不遗余力站在自己身边，这才惹来言官的攻击。

嘉靖帝常在宫内西苑斋居，入值官员进见，皆像道士一样乘马而入，唯独夏言每次皆让人抬肩舆把他抬入苑内。嘉靖帝不悦，隐忍未发。同时，嘉靖帝爱戴道士们所戴的香叶巾，就让尚衣局仿制五顶沉水香质地的小冠，赐给夏言和严嵩几位尊显近臣。夏言不识抬举，上密疏表示："此冠非人臣法服，我不敢当。"这下可把嘉靖帝惹得怒火中烧。反观严嵩，每每于召对之日，头顶香叶冠，并在上面罩轻纱以示自己对皇帝赐冠的诚敬，使得皇帝龙心大悦。另一方面，夏言身居首辅之位，政事繁多，自然对皇帝交予的"青词"任务有所怠慢，不仅词采失色，有时竟然图省事把几年前写过的内容杂糅一下又献上去糊弄皇帝。

同时，严嵩百般拉拢皇帝身边老道陶仲文，因此陶老道常在皇帝面前说严嵩的长处以及夏言的短处。为了给皇帝留下深刻印象，二人同时入对时，严嵩常故意惹夏言不高兴，夏言每每勃然，当着嘉靖帝叱责严嵩。

结果，嘉靖二十一年（1542），嘉靖以夏言把持言路，轻慢君上为由，诏令夏言"落职闲信"。夏言一去，严嵩以礼部尚书、武英殿大学士的身份入阁。

严嵩入阁后，引起很大争议。给事中沈良才和御史童汉臣等人上章劾奏这位新相爷奸险贪污，不堪大任。严嵩以退为进，自己上章求去。嘉靖帝当然不允，手诏百余言慰留，并亲书"忠勤敏达"四个大字赐予严嵩，以示殊宠。为了安慰严嵩，嘉靖帝又把上章弹劾的童汉臣等人外贬。当时的名义首辅是翟銮，但嘉靖帝总是把严嵩当首辅对待。翟銮虽是个木偶，严嵩仍不能容他，嘱心腹言以其二子有罪弹劾他，崔銮竟被削籍而去。

严嵩当政三年多，同为阁臣的有礼部尚书张璧、吏部尚书许瓒，张璧病死，许瓒又被严嵩排挤，削籍而去。嘉靖帝也逐渐觉察到严嵩在朝内遍植党羽，行事蛮横，便又于嘉靖二十四年（1545）底重新起用夏言。夏言卷土重来，不仅尽复原官，又加太子少师，位在严嵩之上，重新成为首辅。经过一次大起大落，夏言根本不吸取教训，以为大权重掌，对严嵩的态度变本加厉。

朝上，凡是军国大事草章拟旨，夏言根本不和身为次辅的严嵩商议。同时，他大兴报复，逐个搜检严嵩安插在政府内的心腹，尽数逐去，且声言要追查深究。慑于夏言声威，严嵩不敢出面相救，内心衔恨不已。

夏首辅为人自视甚高，对宫中的太监态度十分傲慢。严嵩不同，每次有公公到来，无论官阶高低，他都竭力巴结，时常给他们送几大锭黄金。这样一来，皇帝身边的太监们平日家长里短，没一个人讲夏言好话，但皆齐口赞颂严嵩"仁德"。

嘉靖时时遣小宦们偷偷去看阁臣们在干什么。严嵩自然事先知悉，每每大半夜还正坐于值房，挥笔凝神，白头发丝乱动，为皇帝撰写"青词"。至于夏言，小宦们便回报说，夏大人总是早早回家，与宾客饮酒欢宴。长久已往，嘉靖帝对夏言不满之情日甚。

过了两年多，严嵩看准时机，以"河套之议"的机会，终于扳倒夏言，并把他送入鬼门关。夏言被杀，其实当时还有不少人拍手称快，因为此人的个性过于张扬。身为官场老人，此种霸道张扬的为人处事之道，肯定会得罪许多人。官场是个大染缸，在极权制度的圈子里面，即便本性是正人君子，如侥幸不败，也只能浮沉取容。否则，轻的是贬官，重的则是脑袋搬家。

严嵩于嘉靖二十年（1541）八月八日坐上首辅的位子，嘉靖四十一年（1562）五月去位。20多年来，结党营私，贪污受贿，排除异己，虐杀忠良。

嘉靖三十二年（1553），兵部员外郎杨继盛痛恨严嵩误国，突然草疏弹劾严嵩有"十大罪""五奸"，言辞激烈：

第一，严嵩违背祖制，使天下知有（严）嵩，不知有陛下。是坏祖宗之成法。

第二，群臣感（严）嵩甚于感陛下，畏（严）嵩甚于畏陛下。是窃君上之大权。

第三，欲天下以陛下之善尽归于（严）嵩。是掩君上之治功。

第四,(严)嵩以臣而窃君之权, (严)世蕃复以子而盗父之柄,故京师有"大丞相、小丞相"之谣。是纵奸子之僭窃。

第五,既藉私党以官其子孙,又因子孙以拔其私党。是冒朝廷之军功。

第六,冒领军功,欺瞒皇帝。

第七,贻误军机。

第八,独占黜陟大权。

第九,卖官鬻爵。

第十,败坏天下的风俗。

严嵩有这十条大罪,还有其他奸猾之处。

第一,买通皇帝身边的人,随时提供情报。

第二,结纳通政司之主,奏疏先送严嵩处阅览,然后入御。

第三,交结锦衣卫,以防其缉访。

第四,把持科举考试和朝廷用人的大权。

第五,一面收受贿赂,一面又用小恩小惠为自己结党。

百密一疏,见杨继盛奏文中援引两个王爷为人证,严嵩大喜,就在嘉靖帝前称杨继盛无故把宗室牵引入纠纷之中。嘉靖帝果然大怒,立刻下令当廷杖打杨继盛一百,并命刑部定罪。刑部不敢得罪严嵩,断成死罪,收监入狱。嘉靖帝其实不想杀掉这个学问深厚并享有天下清名的直臣,也有人劝严嵩不要杀杨继盛,免得招众怨。无奈,其子严世藩及党羽非要置杨继盛于死地,天天劝说严嵩下手。在第四年秋决时,杨继盛终于被杀,时年40。

严嵩晚年,思维迟滞,再也不像初时那样对一直在西苑"玄修"的皇帝所发诏旨能作出敏捷反应。这时候,只有严世藩能刻意揣摩,并达无不中。一方面是由于严世藩智商高,另一方面是他总拿大把银子贿赂皇帝左右宦官侍女。所以,嘉靖皇帝的喜怒哀乐,宫内的耳目们纤悉驰报。他们每次均能从小严处得到大笔"情报费"，故而严世藩成竹在胸，想皇帝所想，急皇帝所急。

此外，道士蓝道行以扶乩为名，用沙盘代替"神"言，极陈严氏父子弄权跋扈之状。嘉靖帝问："如果此事为实，上天何不殛杀二人？"蓝道行答："留待皇帝正法！"嘉靖帝默然心动。

严嵩还有另外得罪嘉靖帝的地方。嘉靖帝因自居的西苑万寿宫火灾损毁而暂居狭窄的玉熙宫，他招问严嵩，严劝皇上还大内居住。由于嘉靖二十一年（1542）皇帝本人在大内宫中差点被宫女们勒死，严嵩此议，正触霉头。不久，严嵩又请皇帝还居南内，那个地方又是从前明英宗被软禁的地方，此议让嘉靖帝更为恼火。

这时候，又一位关键人物粉墨登场。

徐阶，嘉靖初年进士出身，乃当科探花郎。史书上称他"短小白皙，善容止。性颖敏，有权略，而阴重不泄"。徐阶因一手漂亮的"青词"，哄得嘉靖帝对他大加青睐，须臾不可或离。

嘉靖帝想造新宫，问严嵩，没结果。他就召时为次辅的徐阶。徐阶一口应承，表示先前建殿，余留建筑材料很多，如果下令营建，几个月即可造成新的宫殿。嘉靖帝大悦，立即下诏任徐阶儿子尚宝丞徐璠兼工部主事一职，主持建新宫。结果，仅仅三个月多一点，宏伟雄壮的新宫建成，嘉靖帝当天就迫不及待搬入"新家"，名之曰"万寿宫"。经过此事，皇帝对徐阶另眼看待，深以为忠，进其为太子少师，兼支尚书俸禄，并超擢其子徐璠为"太常少卿"。

嘉靖四十一年（1562），身为御史的邹应龙忽上奏章，弹劾严世藩贪污受贿等不法之事。但奏章经过徐阶授意修改，当时未敢即连严嵩，只讲他"植党蔽贤，溺爱恶子"。严世藩因此下狱。严嵩朝中独相十余年，党羽力量确实大。但是，如果不处理严世藩，又无法向皇帝交代，法司最后就"裁定"严世藩受贿800两白银，上案于御前。廷议后，判决流放严世藩于雷州，其两个儿子及心腹罗龙文等人分戍边地。

嘉靖帝念严嵩旧情，特宥严世藩一个儿子为民，回老家伺候严嵩起居。

然而，严世藩却并未因此而蛰伏。袁州推官郭谏臣因公事路过严嵩府宅，看见1000多工匠正大修府邸。严府仆人望见郭推官不起身见礼。郭谏臣大怒，上状于御史林润。这位巡察御史见此状大喜，立刻添油加醋，上奏严世藩在江西阴聚徒众，诽谤朝议，图谋不轨。

疏上，嘉靖帝大怒，命林润诏逮严世藩等人入京审讯。刑部尚书黄光升及大理寺卿张守直等人在撰写的罪状辞中把严氏父子陷害杨、沈二位忠臣的事情写入，且大肆渲染。

待他们持状入见首辅徐阶，这位徐大人早已成竹在胸，随便看了诉状一眼，置于案上，问："诸位，你们是想救严公子呢，还是想杀严公子？"

众人愕然，齐声曰："当然是要杀他！"

徐阶一笑，"依照你们所上诉状，必定会让他活得更自在。杨继盛、沈炼被逮，皆当今圣上亲下诏旨。你们在案中牵涉此事，正触圣上忌讳。"

几个人一听，如雷轰顶，均惊立当堂。良久，他们才讲："看来要重新拟状了。"

徐阶怡然，从袖中掏出自己早已写好的状疏，"立即按此抄一遍即可。如果你们回去反复集议，消息泄露，朝中严党必有所备，旁生枝节，事情就不好办了。"

徐阶所草罪状，重点在于描述严世藩与倭寇头子王直阴通，准备勾结日本岛寇，南北煽动，引诱北边蒙古人侵边，意在倾覆大明王朝。

果然，疏上，嘉靖帝拍案狂怒。他最恨倭寇和蒙古人，马上下令锦衣卫严讯严世藩等人。狱成，严世藩等人被斩于市，严氏家族被抄家。共抄得白银 205 万 5000 余两，珍奇异宝不计其数，多为皇宫内府所无。不久，严氏党徒在朝中的诸人，也皆为徐阶等人清洗出去。严家大树，连根被拔。

至于严嵩老爷子，也从不可一世的阁老沦落到捡上坟供品充腹活命的落魄老汉。捱了一年多，苍凉死去。嘉靖一朝，正因为无大奸太监，方显严嵩柄政的"罪恶"。其实，许多军国大事方面，嘉靖帝乾纲独断，最大的坏事都是皇帝亲自拍板，严嵩不过依推而已。

倭患的国籍问题：

嘉靖倭患之谜

明朝中叶以后，厉行海禁，除了政府与海外国家保持朝贡贸易关系外，其他民间海上私人贸易一概禁止。从永乐到嘉靖年间，海禁时紧时松，但总的趋势是以禁为主。随着商品经济的发展，海外贸易的需求日益增长，与海禁政策形成了强烈的矛盾。海上武装走私与海盗劫掠在东南沿海声势大盛，浙江、福建、广东沿海大批无业游民、渔民纷纷加入走私贸易队伍，成为社会治安一大隐患。嘉靖二十八年（1549），明朝政府首次把王直集团骚扰沿海地区，称为"倭人入寇"，起因源于一时不明真相的地方官的仓皇报告。嘉靖三十一年（1552）明朝政府又在此设巡视大臣，推行严厉的海禁政策，走私集团则采取武装对抗的态度，终于形成了所谓的"倭患"。然而，事情真的如地方官员说的那样？嘉靖朝的倭患主要是哪些人，又是怎样平定的呢？

明朝嘉靖年间的所谓"倭患"，在嘉靖二十六年（1547）大爆发。巡抚浙江兼任福建等处海道的朱纨下令剿捕海盗，严禁通商，并催使近海居民通盗者互相告发。吃"走私饭"已成习惯的地方豪民汹汹而起，这些人在闽浙大掠，与日本浪人及中国海盗王直、徐惟学等人大肆勾结，在嘉靖十九年（1540）就已经把宁波附近的双屿港当作"大本营"，四处出击，杀人越货。

嘉靖年间倭寇的首领大都是中国人，前期李光头，中期王直，后期张琏。王直是徽州海商出身，经营海上走私贸易，嘉靖三十一年吞并了另一股海盗后，横行海上，成为海上走私集团的头目。他要求对外通商，朝廷不许，便抢掠浙东沿海。次年遭官军围剿，无处容身，逃往日本，以五岛列岛为根据地，还在平户建造了宅邸，拥有一支庞大的船队。

当时，日本与周边其他国家一样，与明朝维系着朝贡贸易。朝贡船队必须持有明朝礼部颁发的"勘合"（通行证），才可以在浙江市舶司所在地宁波上岸，再在安远驿的嘉宾堂歇脚，一面上岸进行贸易，一面等候朝廷的入京许可。一旦获得许可，使节一行携带国书、贡品以及货物，在明朝官员的护送下前往北京，下榻京师的会同馆。在向朝廷递交国书、贡品后，携带的货物可以在会同馆附近进行交易，买入非违禁货物。据田中健夫《倭寇与勘合贸易》的研究，从建文三年（1401）到嘉靖二十六年（1547），将近一个半世纪内，日本遣明使节所率领的船队，共计18批。由于嘉靖二年（1523）日本大内氏与细川氏两大集团在宁波发生"争贡"事件，使朝贡贸易出现危机，成为"后期倭寇的发端"。

宁波"争贡"事件，给明朝内部主张严厉实行海禁政策的官僚找到了一个口实：他们认为祸根是由朝贡贸易引起的。礼部没有权衡利弊得失，便贸然关闭宁波的市舶司，停止了日本的朝贡贸易。官方的合法贸易渠道被堵塞，而日本与中国之间的贸易难以得到满足，这种局面为海上走私贸易提供了一个有利时机。根据《筹海图编》记载，当时日本对中国商品的需求量很大，其中包括生丝、丝绵、棉布、绵绸、锦绣、红线、水银、针、铁锅、瓷器、钱币、药材等等。如此巨大的一个市场、如此巨大的利润（例如生丝运抵日本后，价格高达十倍），对商人的诱惑力之大可想而知，要想禁，是禁不住的。嘉靖年间，东南沿海私枭船主与土豪相结合，挟制官府，大张旗鼓地进行海上走私贸易，海盗与沿海贫民也介入走私贸易队伍，与之遥相呼应。由于他们与日本商人进行贸易，在遭到官府取缔时，就采取武装对抗，所以被人们称为"倭患"。

　　人们对于"倭寇"一词，容易望文生义，其实，所谓"倭寇"需要具体分析。《中国历史大辞典》的"倭寇"条说，倭寇是指"明（代）时骚扰中国沿海一带的日本海盗"云云，过于简单化。根据田中健夫的研究，"倭寇"一词，最初出现于404年的高句丽"广开土王碑文"。它的含义是多种多样的，有"高丽时代的倭寇""朝鲜时代的倭寇""嘉靖大倭寇"等，甚至还有"吕宋岛的倭寇""南洋的倭寇""葡萄牙人的倭寇"等等。其中规模最大的是14世纪至15世纪的倭寇，以及16世纪的倭寇。前者主要在朝鲜半岛与中国东北沿岸活动，是日本人与朝鲜人的联合体；后者大部分是中国的海上走私贸易群体，日本人的数量很少。山根幸夫在《明帝国与日本》一书中，谈到"后期倭寇"（即"嘉靖大倭寇"）时，强调以下两点：一是后期倭寇的主体是中国的中小商人阶层——由于合法的海外贸易遭到禁止，不得不从事海上走私贸易的中国商人；二是倭寇的最高领导者是徽商出身的王直——要求废止"禁海令"，追求贸易自由化的海上走私贸易集团的首领。

　　再说被称为"倭寇王"的王直，在遭到官军围剿之后，逃往日本萨摩的松浦津，以五岛列岛为根据地，还在平户建造了宅邸，拥有一支庞大的船队，自称"五峰船主"，又称"净海王""徽王"。他不时前往浙江、福建沿海，进行大规模的走私贸易和海盗活动。他的队伍中确有一些"真倭"，那是受王直集团雇用的。"大量史料证明，历史的真实情况似乎与以往流行的说法相反，嘉靖时的'真倭'，反而倒是受中国海盗指挥，处于从属、辅助的地位。"（王守稼《试论明代嘉靖时期的倭患》）

　　那么，为什么长期以来把"倭患"说成是日本海盗的入侵呢？第一是其中确有一些日本人，即所谓"真倭"；第二是王直等人有意制造混乱，以假乱真，保护自己；第三是明朝平倭将领为了冒报战功，虚张声势。无怪乎当时人说："官兵利于斩倭而得重赏，明知中国人，而称倭夷，以讹传讹，皆曰倭夷，而不知实中国人也。"

王直在接受朝廷招抚后所写的《自明疏》，希望政府在浙江定海等港口，仿照广东事例"通关纳税"，恢复与日本的朝贡贸易关系，那么东南沿海的"倭患"就可以得到解决。平倭总督胡宗宪表面上答应"姑容互市"，在王直投降后，却出尔反尔，于嘉靖三十八年（1559）年底，在杭州官巷口闹市，把王直斩首示众。王直的死，并没有使"倭患"停止，反而激起了他的部下极大的怨恨和疯狂的报复，"倭患"愈演愈烈，海禁与反海禁的斗争愈来愈尖锐了。

在此之前，唐枢曾写信给胡宗宪，分析了中外贸易的大势，以及倭患的根源。他指出：第一，中国与外国的贸易难以禁绝，海禁只能禁止中国百姓；第二，嘉靖年间的倭患起源于海禁政策的不合时宜；第三，所谓倭寇其实是中国百姓——嘉靖三十一年（1552）"海上之为寇"，次年"各业益之而为寇"，再次年"良户复益之而为寇"。

无独有偶，之后谢杰在《虔台倭纂》一书中对倭寇的分析，有异曲同工之妙。他说："倭夷之蠢蠢者，自昔鄙之曰奴，其为中国患，皆潮（州）人、漳（州）人、宁（波）绍（兴）人主之也"；"寇与商同是人，市通则寇转为商，市禁则商转为寇"。他认为，从海上贸易的视角看来，导致"倭患"的原因是"海禁之过严"。可谓言简意赅，一针见血。

因此，海禁一日不解除，祸患始终存在。王直死后，徽商在海上依然相当活跃，后继者有徐惟学、徐海等，都被当局看作"倭寇"。而日本的平户港一直是当时中日贸易的重要据点。要说真正解决"倭患"的关键之举，并非戚继光、俞大猷的平倭战争，而是朝廷政策的转换。隆庆元年（1567），当局宣布实施比较灵活的政策，取消海禁，允许人民下海前往西洋、东洋贸易。既然民间海上贸易合法化，所谓的"倭患"自然也就烟消云散了。

恩怨尽时方论定，封疆危日见才难：

张居正遭清算之谜

历代功勋卓著的改革家大多没有好下场，吴起、商鞅死于非命，运气好的王安石生在宋朝，但时人对他的评价毁誉参半。明代中兴名臣张居正虽然并非死于非命，但死后，先前对他推崇备至、言听计从的明神宗却扬言要对他"断棺戮尸"，家属代他受过，惨遭抄家充军的大祸，令同时代人以及后来的读史者感慨唏嘘不已，陷入深深的思索。为什么张居正会遭到万历皇帝的清算呢？

问题的要害大概就在于张居正"威权震主，祸萌骖乘"。

《明神宗实录》指出张居正独揽大政的十年间，"海内肃清，四夷詟服，太仓粟可支数年，罔寺积金至四百余万。成君德，抑近幸，严考成，综名实，清邮传，核地亩，询经济之才也"；另一方面也指出他的过失，尽管过不掩功，但足以使他陷入无法摆脱的困境："偏衷多忌，小器易盈，钳制言官，倚信佞，方其怙宠夺情时，本根已断矣。威权震主，祸萌骖乘。何怪乎身死未几，而戮辱随之。"这段话点明张居正邀祸的原因就在"威权震主，祸萌骖乘"八个字。

张居正给时人的印象是独断专行，这是他日后取祸的重要原因，而在当时他的选择很大程度上是迫于形势，不得已而为之：吏治改革举措触及政坛痼疾，没有相当的力度难以奏效。无论是考成法，还是清丈田粮以及把江

171

南行之有效的一条鞭法推广到全国，无一不是阻力重重，反对的声音一浪高过一浪。如果没有一点雷厉风行、独断专行的作风，恐怕一事无成。张居正过于严厉，操之过于急切，必然遭来许多非议。但是新政成效卓著，言官们难以抓住把柄，便从攻击张居正个人品行，离间他与皇帝的关系着手，如南京户科给事中余懋学、河南道御史傅应祯以及巡按辽东御史刘台等。如果没有皇帝和皇太后的全力支持，加上宫内实权人物司礼监掌印太监冯保力挺，张居正恐怕很难推行其改革举措。

万历五年（1577），张居正的父亲张文明病逝，按照当时的官僚丁忧缺席制度，张必须辞官守制 27 个月。一旦离开权力中心，再想掌权，就很难了。张居正是一个"非常磊落奇伟之士"，不愿意"徇匹夫之小节"，而使改革中断，便与冯保联手策划"夺情"之局，接受皇帝的"夺情起复""在官守制"，依然执掌朝政大权。此举激起更大的反对声浪，指责张居正违背伦理纲常，不配继续身居高位。其中翰林院编修吴中行、翰林院检讨赵用贤、刑部员外郎艾穆、刑部主事沈思孝等人言辞最为激烈。就在张居正处境十分尴尬之时，明神宗再三强调"夺情起复"是他的意思，冯保又与之密切配合，对政敌吴、赵、艾、沈四人实施严厉的廷杖。毫无疑问，正是张居正树敌过多，才使他日后墙倒众人推，但这并非他的悲剧的关键所在。

明神宗即位时还是一个 10 岁（虚岁）的孩子，皇太后把朝政交给了张居正的同时，也把教育小皇帝的责任交给了他。因此张居正身兼二职：首辅与帝师。小皇帝一切都仰赖张居正的辅佐，他对身材颀长、美髯及胸的长者既敬重又畏惧。一次明神宗在读《论语》时，误将"色勃如也"之"勃"字读作"背"音，张居正厉声纠正："当作勃字！"声如雷鸣，吓得神宗惊惶失措，在场的官员们无不大惊失声。慈圣皇太后为了配合张居正，在宫中对神宗严加看管，动辄谴责："使张先生闻，奈何！"神宗一听此话，马上变乖。可见在太后和皇帝的心目中，张居正的地位与威望无人可比。时人沈德符在《万历野获编》中说："（张居正辅政）宫府一体，百辟从风，相权之重，本朝罕俪，部臣拱手受成，比于威君严父，又有加焉。"张居正把内宫（皇帝）与外朝（政府）的事权集于一身，因此说他是明代权力最大的内阁首辅，并非言过其实。如此权势显赫的内阁首辅，部下当然要把他"比于威君严父"，成为他们争相拍马献媚的对象，阿谀奉承之徒甚至向他赠送黄金制作的对联，上面写道：

日月并明，万国仰大明天子；

丘山为岳，四方颂太岳相公。

张居正号太岳，把太岳相公与大明天子相提并论，是颇有僭妄嫌疑的，张居正却安之若素，流露出"我非相，乃摄也"的心态。

万历六年（1578）张居正离京归葬老父，不仅有尚宝少卿和锦衣卫指挥等官员护送，戚继光还派来了铳手与箭手作保镖，而且他所乘坐的轿子是真定知府钱普特意赶制的，被人称为"如同斋阁"。它的前半部是重轩（起居室），后半部是卧室，两旁有走廊，童子在左右侍候，为之挥扇焚香。如此豪华至极的庞然大物当然不是八个人所能扛起来的，而是闻所未闻的"三十二抬"大轿，比皇帝的出巡有过之而无不及。

张居正在回到江陵老家安葬亡父时，一天之内收到皇帝三道诏书，催促他早日返回京师，显示了他在皇帝心目中须臾不可或缺的地位。湖广地方官以为这是本地的无上光荣，特地为之建造"三诏亭"以资纪念。在隆重的庆贺典礼之后，张居正难免会有骑虎难下的感慨，他在给湖广巡按朱琏的信中谈起"三诏亭"，写下了一段感慨而又意味深长的话：

作三诏亭，意甚厚，但异日时异势殊，高台倾，曲池平，吾居一不能有，此不过十里铺上一接官亭耳，乌赌所谓三诏哉！盖骑虎之势自难中下，所以霍光、宇文护终于不免。

处在权势顶峰的张居正明白一旦形势变化，他连居所都成问题，三诏亭对他有何意义呢？于是他内心深处对"威权震主"的霍光与宇文护的悲剧下场物伤其类的敏感。

西汉时任大司马大将军、博陆侯的霍光，受汉武帝遗诏辅佐年幼的汉昭帝。汉昭帝死，他迎立昌邑王刘贺为帝。不久又废刘贺，迎立刘询为汉宣帝。他前后摄政达20年之久。霍光一家可谓极其显赫，炙手可热。尽管如此，他还是难逃厄运。汉宣帝把他视作芒刺在背，在他死后，妻子及家属多人被处死，当时盛传："威震主者不畜，霍氏之祸萌于骖乘。"这就是"威权震主，祸萌骖乘"第一个显著的实例。

宇文护的情况略有不同。他在西魏时任大将军、司空，继宇文泰执掌朝政，后被宇文邕处死，原因同样是"专横"。

张居正联想到霍光和宇文护的下场，不免有点惶恐，深感"也有大权不可以久居"，就在万历八年（1580）三月向神宗提出"乞休"的请求。张居正的乞休书中提到，这9年来任重力微，积劳过虑，形神顿瘁，气血早衰，须发变白，已呈未老先衰之态，从此以后，昔日的聪明智虑将日渐昏蒙，如不早日辞去，恐将使王事不终，前功尽弃。虽然这乞休书难免有投石问路的故作姿态，内中确也有他辅政9年的真实心态；尽管他对权位还是热衷贪恋的，但不得不从长计议，以免中途翻车，也就是他自己所说"弩力免于中蹶"。这既是一种政治姿态，也是一种自谋策略，神宗毫不犹豫地下旨挽留。两天后张居正再次上疏"乞休"，除了重申"惴惴之心无一日不临了渊谷"的心情，他提出一个折中方案：只是请假，并非辞职，国家或有大事，皇上一旦召唤，朝闻命而夕就到。神宗并非不想早日亲操政柄，只是如此重大人事更动他做不了主，得请示"垂帘听政"的太后才行；慈圣皇太后的态度很坚决，恳切挽留张先生，对万历说："与张先生说，各项典礼虽是修举，内外一切政务，尔尚未能裁决，边事尤为紧要。张先生受先帝付托，岂忍言去！待辅尔到三十岁，那时再作商量。先生今后再不必兴此念。"皇太后如此明白无误又毫无商量余地的表态，使神宗颇为尴尬，他万没料到自己在母后眼里仍是一个需要指导的孩子，没有裁决政务的能力，不得不打消尽快亲政的念头。按太后的意思，张先生一日不死，万历亲政便一日无望。从此之后，神宗对张先生由敬畏转向怨恨，对于张居正而言，既然皇太后说"今后再不必兴此念"，岂敢再提"乞休"之事。

张居正虽然不再"乞休"，但是内心的不安日渐加深。他在给亲家刑部尚书王之诰的信中透露了这种心情："弟德薄享厚，日夕栗栗，惧颠踬之及顷者乞归，实揣分虞危，万非得已。且欲因而启主上以新政，期君臣于有终。乃不克如愿，而委任愈笃，负载愈重，羸弱之躯终不知所税驾矣，奈何，奈何！"骑虎难下的无奈心情溢于言表。在他权势最鼎盛、事业最成功的时候，担心中道颠蹶，当然并非杞人忧天。

万历十年（1582）春，张居正身患重病，久治不愈，朝廷大臣上自六部尚书下至小官，无不设斋醮为之祈祷，以表忠心，企求日后获得这位代帝摄政的元老重臣的青睐。他们纷纷舍弃本职工作，日夜奔走于佛事道场，把祈求平安的表章供上香火缭绕的神坛，长跪不起。然后再把这些表章装进红纸封套，罩上红色锦缎，送进张府，用重金贿赂张府家人，希求让张居正过目，博其欢心，于是官僚们争相雇募文人词客，代写表章，送给张居正，"争一启齿，或见而额之，取笔点其丽语一二"。京都如此，各地封疆大吏莫不争相仿效。后来明神宗病重时也没有出现类似排场。

同年六月二十日，太师兼太子太师吏部尚书、中极殿大学士张居正病逝，享年58岁。张居正一死，司礼监冯保便失去了外朝有力的支持，剪除冯保的时机成熟了。冯保先前依仗太后的宠幸、张居正的护持，有恃无恐，对神宗钳制过甚，必然要引起皇帝的反感，一旦时机成熟，他的垮台也是在意料之中的。同年十二月，神宗在弹劾冯保十二大罪的奏疏上批示："冯保欺君蠹国，罪恶深重，本当显戮。念系皇考付托，效劳日久，故从宽着降奉御，发南京新房闲住。"这还算念在"大伴"多年掖抱陪伴的情分上，给予宽大处理，让他到南京去赋闲养老。

这对群臣而言是一个信号，既然冯保可以攻倒，冯的后台，已过世的张居正又有何不可！墙倒众人推，于是弹劾张居正的奏疏纷至沓来，善于窥伺的陕西御史杨四知弹劾张居正十四大罪，正中神宗下怀。万历为了树威，也为宣泄心中怨怼，誓把威权震主达十年之久的张居正的威权打掉！事实上杨四知的奏疏虽然空洞无物，却是个明确的信号，神宗立即在奏疏上批示，把多年来郁结在心中的怨恨发泄出来："居正腾虚心委任，宠待甚隆，不思尽忠报国，顾乃怙宠行私，殊负恩眷。念系皇考付托，待朕冲龄，有十年辅佐之功，今已殁，姑贷不究，以全始终。"其实所谓"姑贷不究"云云不过是官样文章，并非真的"不究"，只不过是在等待言官们弹劾的逐步升级而已。

果然，朝中见风使舵者很快行动起来，云南道御史羊可立的弹劾奏疏把调子提高了许多，无中生有地说："已故大学士张居正隐古废辽府第田土，乞严行查勘。"

所谓"废辽"是指早已被罢废的辽王，说张居正霸占辽王府第的财产，是可以导致抄家的罪行，用心十分险恶。此论一出，辽王家属以为时机已到，

176

已故辽王的次妃王氏向神宗呈进《大奸巨恶丛计谋陷亲王强占钦赐祈祖霸夺产业势侵全室疏》，说"金宝万计，悉入居正"。素有敛财癖好的神宗以为抓住了对张居正抄家的把柄，立即下令司礼监太监张诚等前往江陵查抄张府，这无异于是对张居正在政治上的彻底否定，他的罪状就不再是他不久前所说的"怙宠行私"这么简单了。都察院等衙门遵旨呈上给张居正定罪的奏疏，神宗亲笔写下了这样的结论："张居正诬蔑亲藩，侵占王坟府第，钳制言官，蔽塞朕聪……专权乱政，罔上负恩，谋国不忠，本当断棺戮尸，念效劳有年，姑免尽法追论。伊属张居易、张嗣修、张顺、张书都着永戍烟瘴地面，永远充军。都察院将居正罪状榜示各省直地方知道。"在神宗眼里，原先缔造新政的功臣，一下子变成"专权乱政"之徒，没有断棺戮尸已经算是宽大处理，皇恩浩荡。张居正一死，家属失去庇护，他的兄弟儿子等人以永远充军来抵偿。正是"狡兔死，走狗烹；飞鸟尽，良弓藏。"

张诚等人的抄家，把皇帝的翻脸不认人的冷酷无情实施到了极致；他们还没有赶到江陵，就命令地方官登张府，封闭房门，一些老弱妇孺来不及退出，门已封闭，饿死十余人。查抄家产更是锱铢必究，共计抄出黄金2400两，白银107700两，金器3710两，金首饰900两，银器5200两，银首饰1万两等。这与他们原先的估计相去甚远。丘侍郎不甘心，便大加拷问，穷迫硬索，严刑拷问张家老小，张居正的二子懋修经不起拷打，以致屈打成招。长子张敬修（原任礼部主事）实在受不了如此折磨自缢身亡。他临终前留下一纸绝命书，真实记录了张府遭受抄家浩劫的惨状：

……至五月初五日，丘侍郎到府，初七日提敬修面审，其当事沓之形，与吏卒咆哮之景，皆平生所未经受者，而况体关三木，首戴幪巾乎！在敬修固不足惜，独是屈坐先公以二百万银数。不知先公自历官以来，清介之声传播海内，不惟变户竭资不能完，即粉身碎骨亦难充者。又要诬扳曾确庵（省吾）等寄银十五万，王少方（篆）寄银十万，傅大川（作舟）寄银五万。云："从则已，不从则奉天命行事！"恐吓之言令人落胆……丘侍郎。

　　明神宗为了打压"威权震主"的张居正，制造了一场大冤案，留给他的子孙去平反。天启二年（1622），明熹宗给张居正恢复原官，给予祭葬礼仪，张府房产没有变卖的一并发还。崇祯二年（1629），明思宗给还张居正后人官荫与诰命。时人评论道："当明王朝行将衰亡之时，皇帝'抚髀思江陵，而后知，得庸相百，不若得救时相一也'。"

小广告的大作用：

妖书案之谜

历代王朝宫闱斗争永恒的主题无非是争夺皇位继承权，明代也不例外。万历朝围绕皇太子接连发生了"妖书案""梃击案""红丸案"，以及他死后的"移宫案"等，后三案被人们称为晚明三案。案情扑朔迷离，让人如坠云里雾里，晕头转向，不知所云。作为三案的导火线和前奏，"妖书案"是了解万历朝宫廷斗法的重要事件。那妖书案究竟是怎么回事呢？

　　万历皇帝由于宠幸郑贵妃，于是便挖空心思讨好她，爱屋及乌的结果是想立郑贵妃所生的皇三子朱常洵为皇储，而不愿意册立王恭妃所生的皇长子朱常洛为太子。明制有嫡立嫡，无嫡立长。终明一代，废长立幼都会被认为是大逆不道，几个为之奋斗的皇帝没有一个成功的，万历皇帝也不例外。

　　在外廷大臣看来，废除皇长子是不合祖宗法度的，因此屡屡向皇帝谏诤，尽快册立皇长子为太子，称为"争国本"。皇帝却寻找种种借口拖延，借口之一是，皇长子的生母是宫女出身。宫中的慈圣皇太后李氏（万历皇帝的生母）也有所闻，由于与长孙生母经历相似，她特别心疼长孙。有一天，万历到慈宁宫向母亲请安，母子之间发生这样一场对话。

　　太后说："外廷诸臣都说该早定长哥（宫中称呼太子为长哥），皇帝打算怎么办？"

　　万历漫不经心地答道："他是宫女的儿子。"

这下触到太后的伤心处，正色训斥道："母以子贵，宁分差等？你也是下人的儿子!"

这一下点到了要害。原来万历的生母李氏，也是宫女出身，早年以宫女身份为隆庆皇帝生下了朱翊钧（即后来的万历皇帝），才晋封为贵妃。万历自知理亏，如果因为宫女所生不能册立为太子，那么他本人根本就不可能当上皇帝。听了母亲的训示，他惶恐万状，伏地请罪不已。有了亲奶奶给撑腰，朱常洛才勉勉强强保住皇太子之位。

皇长子朱常洛，生于万历十年（1582），13岁那年才出阁讲学，即接受正规皇太子教育。因为是"庶出"，加上母亲地位低下，太子母子在宫中的日子过得很艰难，与其兄弟备受宠爱形成鲜明的对比。就连基本的皇帝教育也一拖再拖，实在拗不过廷臣的一再谏诤，万历才批准其出阁讲学，四年后举行冠礼，再过三年册立为皇太子，这条路一波三折，过于颠沛，后人李逊之《泰昌朝记事》概括为一句话："一切典礼俱从减杀。"

朱常洛虽然成为皇太子，但日子并不好过。一方面父皇并不喜欢他，另一方面郑贵妃处心积虑想更换太子。皇太子朱常洛的处境岌岌可危，引起朝野上下忧心忡忡，于是乎有所谓"妖书案"的发生。

所谓"妖书"其实称不上"书"，不过是寥寥数百字的街头小广告。这件事还要从另一本书说起。明代吕坤把历史上的"烈女"事迹编成一本书，题名《闺范》。不久一太监购得此书，传入宫中。郑贵妃眼红，决定跟风做本书，请人捉刀代笔增补了十余人，以汉明德皇后开篇，郑贵妃终篇，并加写一篇序文，嘱托其伯父郑承恩及其兄弟郑国泰重新刊刻，书名改《闺范图说》。

郑贵妃把自己列入"闺范"之中，意图十分明显，无非是想借此抬高自己的地位。不料有人把两书混为一谈。万历二十六年（1598）有一个托名燕山朱东吉的人，为《闺范图说》写了一篇跋，把一本经过别人篡改的议论妇女道德的书，加以政治化、现实化，从而引起轩然大波。

原书作者吕坤蒙不白之冤，立即写了《忧危竑议》向皇上辩白：

先是，万历十八年臣为按察使时，刻《闺范》四册，明女教也。后来翻刻渐多，流布渐广，臣安敢逆知其传之所必至哉？伏乞皇上洞察缘因《闺范图说》之刻果否由臣假托，仍乞敕下九卿科道将臣所刻《闺范》与（郑）承恩所刻《闺范图说》一一检查，有无包藏祸心？

显然，他表明自己编写的《闺范》后来被人改头换面成《闺范图说》，与他无关，不能说成他自己偷偷送进宫里，企图"结纳宫闱"。

吕坤当然是无辜的。由于事情牵连到郑贵妃，万历皇帝想方设法淡化此事，使事态渐次平息。因此这本"妖书"——《忧危竑议》，并未引起政坛的震动。到了万历三十一年（1603），又冒出一本《续忧危竑议》，旧事重提，终于酿成晚明史上有名的"妖书案"。虽然文章不长，却好像一颗重磅炸弹，使政坛为之震动。

《续忧危竑议》用皇太子岌岌可危的处境大做文章，指责郑贵妃企图废太子，册立自己的儿子为太子。揭帖一针见血地指出东宫（指太子）虽立，却是在被迫的情况下的权宜之计，皇帝三心二意，时刻准备撤换储君。接着还推测说，皇帝打算以福王（即朱常洵）取代皇太子，原因是"母爱者子贵，以郑贵妃之专擅，回天转日何难哉"。又说，"夫在朝在野，固不乏人，而必相朱者，盖朱名赓，赓者更也，所以寓他日更立之意也。"接下来，列举了附和朱赓的九个文武大臣，"而又有郑贵妃主之于内，此之谓十乱"。总的意思是说，皇帝不得已册立朱常洛为皇太子，但太子居住的东宫及其规制都不具备，因此储位未妥，国本未固，在"十乱"的活动之下，不知什么时候太子就会被废掉，而改立郑贵妃之子朱常洵为太子。

一夜之间，这份小广告传遍京城，上至宫门，下至街巷，到处都有，一时间舆论大哗。人们看到这份类似传单的东西，指名道姓议论当时政治中最为敏感的话题。郑贵妃打算由自己的儿子取代太子的事情毕竟不是什么上得了台面的事情。即使郑贵妃没有此意，被人公开讨论，皇家的脸面还往哪里摆？更何况还说到她的痛处，想必她一定梨花带雨地在万历面前拼命表白了很久，并请求皇帝为她做主，找到这多事的家伙。

　　《续忧危竑议》中指名道姓提到的次辅朱赓，为了避嫌，赶紧诚惶诚恐地把它呈送皇帝，并且附上一份申辩书："臣以七十衰病之人，蒙起田间，置之密勿，恩荣出于望外，死亡且在目前，复更何希何觊？而诬以乱臣贼子之心，坐以覆宗赤族之祸。"

　　万历皇帝接到奏报，一面对朱赓加以安慰，说这是不诡之徒无端造谣，一面下令东厂、锦衣卫以及五城巡捕衙门立即侦察肇事者。由于"妖书"涉及太子的废立问题，万历唯恐太子朱常洛惊恐不安，特地召见他，安慰道："哥儿，你莫恐，不干你事。但去读书写字，早些关门，晏些开门。"又说："近有逆恶捏造妖书，离间我父子兄弟天性亲情，动摇天下。已有严旨，缉拿以正国法。""妖书"不仅震动了内宫，而且震动了外廷。内阁首辅沈一贯、次辅朱赓，鉴于"妖书"把他们说成是郑贵妃的帮凶，为避嫌疑，都待罪在家。

　　内阁中只剩下沈鲤一人主持日常工作，外间便把猜疑集中到沈鲤身上。与沈鲤本来就有嫌隙的沈一贯，要化被动为主动，趁机打击沈一贯，说"妖书"出于沈鲤的门生，礼部右侍郎郭正域，指使给事中钱梦皋上疏诬陷郭正域、沈鲤与"妖书"有牵连，主张严查到底。

　　京营巡捕陈汝忠受沈一贯之命，逮捕了和尚达观、医生沈令誉，欲从这些人口中引出郭正域。结果达观和尚被拷打致死，沈令誉受刑后奄奄一息，都未招供。三法司（刑部、都察院、大理寺）的官员又把郭正域的同乡胡化抓来，要他诬陷郭正域、沈鲤，胡化拒绝招供。

皇太子朱常洛得知郭正域因"妖书案"被诬陷，十分焦虑不安。郭正域曾经当过他的讲官（老师），朱常洛深知其为人，多方为之鸣冤，又传话给提督东厂太监陈矩："饶得我，即饶了郭先生吧！"后来还是陈矩鼎力平反，郭正域才免遭陷害。

"妖书案"迟迟无法侦破，东厂、锦衣卫压力与日俱增，不得不加紧搜索。最后抓了一个替罪羊皦生光，被判凌迟处死，再枭首示众。理由是："生光捏造妖书，离间天性，谋危社稷。"就这样，无辜的生光被糊里糊涂凌迟处死，然后枭首示众，他的妻妾、儿子都发配边疆充军。皦生光成了"妖书案"的一个替死鬼。就连沈一贯、朱赓对"妖书"出于皦生光之手也难以置信。他们曾就此案向皇帝表明：有关皦生光的证据，"空洞烦言，无足推求事实"，"含糊难明"。

然而参与会审的官员却振振有词，不过他们的定案有如儿戏。据《先拨志始》记载，参御史余懋衡向众官员宣布他定罪的依据是："昨梦观音大士说：'妖书系生光。'在场的人听了莫不匿笑。"此话传到宫中，皇帝听了也为之倍感荒唐。据《罪惟录》记载，另一个参与会审的御史沈裕为了急于了结此案，曾厉声对皦生光说："恐株连多人，无所归狱。"听了这样的诱供，皦生光不得不自己"诬服"，以后也不再翻供。他叹息道："我为之，朝廷得我结案已矣，如一移口，诸臣何处乞生？"冤案的真相已经跃然纸上。

皦生光虽然是一个落魄文人，但屈打成招后，却很有骨气，始终没有顺从厂卫及三法司官员的意图，随意攀诬他人。提督东厂太监陈矩在向皇帝汇报时，承认皇上要追究幕后主使人的旨意难以实现，无可奈何地说："（生光）忍刑辗转，书内词名一字不吐。"

刑部尚书萧大亨想讨好皇上，再三诱使生光扳扯"同谋主使之人"，皦生光拒不服从。在会审时，萧大亨把写好的纸条塞入刑部主事王述古袖中。纸条上写着这样几个字：

"脱生光而归，罪(郭)正域。"

王述古正色拒绝："狱情不出囚口，出袖中乎？"

皦生光死后，舆论界普遍认定，"妖书"并非生光所作。当时有人说，"妖书"出于武英殿中书舍人赵士桢之手。赵士桢一向慷慨有胆略，"妖书案"发后，杜门不出。据说，皦生光凌迟处死后，赵士桢精神错乱，屡次梦见皦生光索命，一病不起。又传闻，赵士桢临死时，"肉碎落如磔"。所谓"肉碎落如磔"云云，当然是民间关于因果报应的街谈巷议，不可当真。

依常理推测，一个落魄的秀才，怎么能写出这篇涉及"国本"的政论文《续忧危竑议》。能撰写此文者，非得熟悉宫廷内幕及官场上层动态不可，区区生光断然无此能耐。然而，"妖书案"是政治的晴雨表，反映出当时朝野上下对于皇太子地位不稳的一种忧患意识，力图以曲折的形式表明舆论的压力，迫使郑贵妃不敢贸然废太子。包括一部分参与会审的官员在内，都不愿在此案中株连无辜的所谓"主使人"，而铸成大错。既然抓住了皦生光，又有刻字匠为人证，案犯又供认不讳，此案便草草了结，是无奈中的上策。对于皇帝来说，真犯究竟是谁并不重要，把"妖书"舆论压下去才是当务之急。因此对于皦生光的处理，他不同意论斩，偏要凌迟以后再枭首示众，有意要造成一种威慑气氛，使后人不敢再在郑贵妃的问题上说三道四。

"妖书案"虽然以这种奇特的方式了结，但是它的政治后遗症却长期持续。上层官僚的派系门户之争愈演愈烈，沈一贯一派与沈鲤一派的矛盾浮出水面，由暗而明。此后的"梃击案""红丸案"莫不如此，拉帮结派，以此为话柄，互相攻击。正如李逊之《泰昌朝记事》所说：

光庙(朱常洛)在东宫，危疑特甚，有前后妖书事，皆宵小辈窥伺内意，以为神庙（万历）必有易储之举，以此构衅造间，且肆毒朝绅，各剪所忌，而门户主名立矣。

谋杀三部曲：

朱常洛离奇死去之谜

明神宗朱翊钧临死前，嘱托内阁首辅方从哲及司礼监太监要齐心协力辅佐皇太子朱常洛，实际上已经着手帝位的交接，一切显得那么有条不紊，然而平静中却潜伏着凶险的风波。这一个月间，宫廷内部的斗争充满了阴谋与血腥，集中体现为"红丸案"。"梃击案""红丸案""移宫案"历来被人们称为晚明三案，其实这三案都有一个固定的主线，都是围绕朱常洛展开，其中又以"红丸案"最为典型。那么这小小的"红丸"背后究竟有哪些故事呢？

　　万历生前最宠爱郑贵妃，郑贵妃则不愿意看到朱常洛登上皇帝宝座。但经过"妖书案"之后，面对既成事实，郑贵妃看到太子的地位已经无法撼动。另一方面，万历皇帝身体越来越差，为了将来考虑，她只得改变策略，一边向朱常洛进奉绝色美女，继而指使亲信太监向身体亏损的朱常洛进奉泻药，致使其病危；一边又有李可灼进奉红色丸药，终于使朱常洛在登上帝位仅仅一个月后，就一命呜呼。郑贵妃原先一直希望由她的儿子福王朱常洵登上皇帝宝座，没有成功；这次又想趁朱常洛之死再一次为朱常洵谋求机会，依然没有成功——朱常洛把他的帝位传给了长子朱由校。

　　朱常洛的一生都活在郑贵妃的阴影之中，直到万历驾崩，自己已经登基，仍然难以摆脱这个阴影。父皇驾崩之前曾留下一道圣旨，要他把郑贵妃晋封为皇太后。郑贵妃则勾结朱常洛最为宠信的李选侍（郑贵妃送给朱常洛的美女之一），为她请封皇太后。李选侍则企图通过为郑贵妃请封皇太后，以抬高自己的地位。这使朱常洛感到左右为难。后来还是内阁首辅方从哲想出了一个两全之策——把晋封郑贵妃为皇太后的圣旨藏于内阁，暂时秘而不宣，巧妙地解决了这个难题。

对于郑贵妃而言，这不啻是一个信号。她一向要为自己的儿子朱常洵争夺太子的地位，处处排挤打击朱常洛。如今朱常洛已经成了当朝皇帝，而先帝晋封她为皇后的圣旨又遭廷臣扣押，形势对她极为不利，迫使她不得不改变策略，便力图使朱常洛捐弃前嫌，又要不失时机地控制住朱常洛。

朱常洛虽然吃了很多苦，却没有成为有为青年，而是在富贵之后，日渐沉迷于女色，以求解脱。郑贵妃投其所好，一次就送给他八名绝色美女。小时候朝不保夕的苦孩子，一下子富贵起来，朱常洛很快就忘了自己是谁了，整天和美女厮混，逍遥快活。文秉《先拨志始》所说：

光庙（按：指光宗朱常洛）御体羸弱，虽正位东宫，未尝得志。登极后，日亲万机，精神劳瘁。郑贵妃欲邀欢心，复饰美女以进。一日退朝内宴，以女乐承应。是夜，一生二旦，俱御幸焉。病体由是大剧。

就在即位的第十天，他终于病倒了。次日还坚持处理朝政，大臣们见到皇上"圣容顿减"，大为惊讶。三天后便发生了崔文升进药，促使他病情加剧的事件。崔文升原先是郑贵妃宫中的亲信太监，朱常洛即位后，提升为司礼监秉笔太监，兼御药房太监。朱常洛患病后，崔文升以掌管御药房太监的身份，向皇上进奉通利药大黄。大黄是一种药性极为猛烈的泻药，对身体虚弱的人来说，这味药是虎狼之药。朱常洛服了崔文升送来的药，一昼夜连泻三四十次，脱水极为严重，趋于衰竭状态，根本无法起床，更遑论处理朝政了。大臣们急忙赶到宫门问安。朱常洛要太监传话：一连几夜无法入眠，一天吃不下一小碗粥，头眩目晕，身体疲软，不能行动。

皇上服用郑贵妃亲信太监崔文升进奉的药，病情加剧的消息很快传到外廷，一时间舆论汹涌，纷纷指责崔文升受郑贵妃指使，加害皇上。由此暴露出郑贵妃从送美女到进药，都是预先策划的阴谋。

当时郑贵妃还住在乾清宫，与李选侍一起"照管"朱常洛的长子朱由校。朱常洛的外戚王、郭二家发觉郑、李有异谋，向朝中大臣哭诉："崔文升进药是故意，并非失误。皇长子（朱由校）常常私下里哭泣：'父皇身体健康，何以一下子病成这样？'郑、李谋得照管皇长子，包藏祸心。"大臣们莫不忧心忡忡，担心一旦皇上驾崩，郑、李控制皇长子（朱由校），实现垂帘听政阴谋。给事中杨涟、御史左光斗向大臣们倡议：郑贵妃应当离开乾清宫。

杨涟还上了一道奏折，分析皇上"圣躬违和"的原因，指责崔文升违反药理，故意用"相伐之剂"，致使皇上"圣躬转剧"，主张将崔文升拘押审讯，查个水落石出；并且建议皇帝收回晋封皇太后的成命。郑贵妃迫于外廷强大的压力，不得不离开乾清宫，搬往她自己的住所慈宁宫。

八月二十三日，鸿胪寺官员李可灼来到内阁，说有仙丹要进呈皇上。内阁首辅方从哲鉴于崔文升的先例，以为向皇上进药要十分慎重，便命李可灼离去。

李可灼不肯就此罢休，二十九日一早，他进宫向太监送药，太监不敢自作主张，便向内阁报告：皇上病情加剧，鸿胪寺官员李可灼来思善门进药。内阁官员断然阻止，告诉太监：他自称仙丹，就不能信他。

正在这时，从屏风后面走出一个小太监，对皇长子耳语一番，皇长子摇头不答应。忽然，一个穿红衣的妇人把皇长子从皇上的御榻前拉走。少顷，皇长子被人从屏风后面推了出来，面色大变，愤愤然向父皇说："皇爹爹，要封皇后。"尚书孙如游机警地察觉到，这是在传达李选侍的意思，既不便拒绝，也不便完全答应，于是来个折中——封李选侍为皇贵妃，对皇上说：皇上要封李选侍为皇贵妃，臣等不敢不遵命，立即起草册封仪注（按：册封仪式的日程表）。朱常洛也无意封李选侍为皇后，便曼声应答：起草仪注来。

片刻沉寂后，朱常洛突然提到从太监那里得到的消息，问道："有鸿胪寺官进药，何在？"方从哲回答："鸿胪寺丞李可灼自己说是仙丹，臣等不敢相信。"朱常洛不甘心等死，对"仙丹"抱有一线希望，直接命太监召见李可灼进宫诊视。

李可灼奉召前来，为皇上诊视病情，说了病源及治法。朱常洛听了很高兴，命他从速进药。方从哲有点不放心，要李可灼与宫内医官商量后再定。中午时分，李可灼调制好了红色的丸药，送到皇上的御榻前。朱常洛命群臣一起进来，看着他服用李可灼的红丸，高兴地对李可灼说："忠臣，忠臣。"所谓红丸，是红铅金丹，又称三元丹，由红铅、秋石、人乳、辰砂等炮制而成。大黄性寒，红铅性热，两者同时用于纵欲过度的身躯，结果只能是一命呜呼。稍懂药理的人绝不会采用崔文升、李可灼的药方来治朱常洛的疾病。对此，御史王安舜弹劾李可灼的奏疏分析得很清楚："先帝（朱常洛）之脉雄壮浮大，此三焦火动，面唇紫赤，满面升火，食粥烦躁。此满腹火结，宜清不宜助明矣。红铅乃妇人经水，阴中之阳，纯火之精也，而以投于虚火燥热之疹，几何不速亡逝乎！"

到了傍晚，李可灼出宫，来到内阁，对方从哲说："皇上恐怕药力衰竭，要求再服用一丸。"又说，在旁的御医都以为不宜再服，但是皇上催促很急，只得遵命再让皇上服用一丸。

大臣们关切地询问服用后情形如何，李可灼说："圣躬安适如前，平善如初。"

情况似乎朝着好转的方向发展。

出乎意料的是，到了第二天，即九月初一日凌晨，形势急转直下。朱常洛服用了两粒红色丸药之后，五更时分病情突然恶化，与世长辞。大臣们听到太监的紧急宣召，急忙赶到宫中，皇上已经"龙驭上殡"了。这是任何人都不曾料到的结果。

对于突如其来的噩耗，人们感到惊愕，联想到皇上登基一个月来出现的种种怪现象，舆论顿时哗然。皇上虽然身体羸弱，但并非病入膏肓，假如没有郑贵妃的八名绝色美女，假如没有崔文升进奉的大黄，假如没有李可灼进奉的红丸，断然不至于短短一个月就一命呜呼。

一切的怀疑都集中到了郑贵妃身上。郑贵妃的嫌疑由于后来的"移宫案"而愈发明朗化。朱由校的生母王才人死后，明神宗疼爱长孙，命李选侍抚养。李选侍与郑贵妃关系密切，郑力图为李请封皇后，李则为郑请封皇太后。此事还未办成，明光宗驾崩，册封企图落空。照例李选侍应该从乾清宫搬出，但是她效法郑贵妃，赖在乾清宫不走。其意图很明显，迫使朱由校在即位后，册封她为皇太后，郑贵妃为太皇太后，由这两个女人实行双重的垂帘听政。据许熙重《宪章外史续编》记载，朱由校即位后说，李选侍命太监李进忠(后来改名为魏忠贤)传话："每日章奏，必先奏看过，方与朕览，即要垂帘听政处分。"为此，郑贵妃与李选侍合谋，把朱由校控制住，目的就是垂帘听政。正如《先拨志始》所说，郑、李二人"欲邀封太后及太皇太后，同处分政事"。杨涟等大臣针锋相对地斗争，迫使李选侍移宫，粉碎了她们垂帘听政的阴谋。

其实朱常洛之死完全是人为安排的三步曲：第一步用八名美女使他身体亏损；第二步用大黄药使他身体虚脱；第三步用红丸加速死期到来。

崔文升、李可灼已经暴露在外，人们怀疑的眼光，不约而同地集中到郑贵妃与方从哲身上。郑贵妃的嫌疑最大，自然难脱干系。郑贵妃进奉美女，又指使崔文升进药，蛛丝马迹暴露无遗，但李可灼是否受她指使，在已有的文献中找不到依据，人们只是猜疑而已。至于方从哲是否合谋，也缺乏直接证据，但是他作为朝廷内阁首辅，负有不可推卸的责任。给事中惠世扬就这样指责方从哲："郑贵妃包藏祸心，先帝（朱常洛）隐忍而不敢言。封后之举，满朝倡议执争，（方）从哲两可其间。是徇平日之交通，而忘宗社之隐祸也"；"崔文升轻用剥伐之药，廷臣交章言之，（方）从哲何心加曲庇"云云。礼部尚书孙慎行、都察院左都御史邹元标等有影响的大臣也纷纷追究方从哲的责任，一时间沸沸扬扬，置方从哲于百口莫辩的境地。

一系列离奇蹊跷之事，接二连三地发生在明神宗死后一个月之中，看起来似乎与他无关，其实不然。人们透过历史的迷雾，依稀窥见郑贵妃正是利用明神宗生前对她宠幸的特殊地位，摆弄着即位仅仅一个月的明光宗朱常洛的命运。因为这种关系，朱常洛虽然登基当了皇帝，仍然未能摆脱笼罩了他几十年的厄运。对于他而言，当太子固然不易，当皇帝则更难。皇帝的宝座似乎与他无缘，没坐几天，就一病不起，一个月以后病故，皇帝宝座就传给了他的儿子——明熹宗朱由校。

权术的横行：

遍地生祠之谜

中国历史上最牛的太监非天启朝魏公公莫属。这位大太监号称九千岁，有些阿谀之徒甚至为魏忠贤建起生祠，几个更过分的居然请求让这个没读过几本书的太监配祀孔子。如果说这是一场历史的悲剧，未免太恶俗；如果说这是一场历史的闹剧，其间又有无数忠烈的白骨和鲜血。这实在是一场丑剧，反映了高度集权环境中士林的堕落和权术的横行。魏公公到底用了哪些登龙术？他与明亡有什么关系呢？

魏忠贤之所以入宫当宦官，完全是巧合，纯属一时的意气所激。他本是街头小混混，走鸡斗狗、吃喝嫖赌，无所不为。他没读过什么书，但却有丰富的市井处世厚黑学积累。一次，他与众恶少赌博使老千，赢了数千银两。结果被恶少们发现，弄得他困窘异常。愤恨之下，魏忠贤显露出他本性中斗狠的一面。他大叫一声，喝止了追打他的诸恶少，从腰中抽出刀来，当众掏出自己久经温柔乡的"老二"，一刀切下，血淋淋抛向众人。见此情状，诸人一哄而散。魏忠贤并不气馁，随即转行入宫发展。

万历年间，明神宗长子朱常洛自身难保，无暇顾及儿子朱由校（后来的明熹宗），小孩子成长过程中最亲密的人只有奶妈客氏以及天天和他一起玩耍的公公魏忠贤。

魏忠贤几乎是看着这位皇孙长大，日夜调护，陪伴玩耍。拉帮结派是各类组织的常态，明朝宫中宦者也是如此。魏忠贤得以入侍皇孙朱由校，是由宫内一名叫魏朝的太监引荐。当时，魏朝的宫内对食是朱由校乳母客氏。所谓"对食"，宫内又称"菜户"，即宫内许多有地位的太监都有一个相对固定的宫女为其"菜户"。不久，魏忠贤就取代魏朝，与客氏成了一对儿。

魏忠贤在熹宗朝说一不二，很大程度上是沾了客氏的光。客氏是熹宗的奶妈，早年丧母的熹宗在成长岁月中，情感和肉体均对客氏有严重的依赖感。

魏忠贤和客氏相好之后，先把情敌兼原来的保护人解决掉。客氏在熹宗面前说尽魏朝的坏话，魏朝自恃伺候皇帝多年，品级一向高过魏忠贤，不以为然。殊不知，小皇帝对奶妈百依百顺，昔日的情人也已琵琶别抱，小皇帝毫不留情地将其赶出北京，魏忠贤更绝，干脆派人用绳子勒死了他。由此，一步一步，魏忠贤终成熹宗执政时期尾大不掉之势。

明熹宗得立后，依据当时宫内的功劳和辈分，老太监王安是司礼监掌印太监的不二人选。但明廷的高级官员和太监任命下达后，受任者一般都要走一种形式，上表辞让再三，过场走毕，才正式上任。恰恰是这个过场的空隙，给予了魏忠贤、客氏可乘之机。此时，司礼监内还有一名叫王体乾的太监，他一直想坐首席太监之位，就和魏忠贤一起撺掇客氏在明熹宗面前讲王安的坏话。明熹宗憨愚年少，对父皇的老仆王安印象又不深，自然一切听客氏的，就扣压下对王安的任命。这样一来，司礼监的掌印提督太监一职就成为空缺。

客氏与王体乾私下商量，表示说可以把这职位让他做，但交换条件是魏忠贤必须做司礼监秉笔太监，而且内外大事，皆要王体乾唯魏忠贤马首是瞻。王体乾一口答应，谈妥后，由客氏进言皇帝，自然马上成事。

魏忠贤当上司礼秉笔太监后，第一步就是把王安贬为南海净军，没几天，他就派人勒死了王安，以畏罪自杀上闻。

明熹宗青春期是个荒唐少年，不仅封客氏为"奉圣夫人"，又任命客氏儿子侯国兴为锦衣卫指挥使。不久，明熹宗降旨，命户部择良田20顷专门拨给客氏作护坟香火费用，又命工部叙录魏忠贤的"侍卫"之功。

御史王心一规劝："梓宫未殡，先规客氏之香火；陵工既成，强用（魏）忠贤之勤劳，于礼为不顺，于事为失宜。"明熹宗览奏大怒，下诏斥责王心一。吏科给事中、礼科给事中、兵科给事中、御史等科道官皆有好几个人谏劝皇帝汲取昔日刘瑾、江彬乱政的前鉴，但大多招致削籍贬官的报复。

这个阶段魏忠贤羽翼未丰，还不敢对群臣太嚣张。魏忠贤知道少年人以习武弄兵为乐，常常在禁宫内操兵演练，以供明熹宗笑乐。由于钲鼓之声不绝，明熹宗一个妃子刚刚诞下的皇子，竟然被震耳欲聋之声震吓而死。

在外廷有所顾忌，魏忠贤和客氏在宫内可以说是"太上皇"加"皇太后"的角色，想办谁就办谁，想杀谁就杀谁。明光宗的美人赵氏，被魏忠贤矫诏赐死；明熹宗所宠裕妃张氏有孕在身，无意中得罪客氏，魏公公断绝张妃的饮食，把她关押在宫内僻静处通堂窄道中，连水也不给一口。连饥带饿近十天，恰遇天降小雨，张妃挣扎爬到瓦檐下，以手掬数滴雨水啜饮，然后，闭声而绝，其腹中七八个月的"龙子"，也一并殒毙。如此饿毙的，还有冯贵人、胡贵人等几个妃子。听说成妃李氏在承幸时劝皇帝不要在宫内习武演操，魏忠贤、客氏怒极，立刻派内监把成妃关押起来。李成妃先前知道张裕妃饿死的惨状，早就有所准备，在过道墙壁间暗地储备了一些吃食，才得以数日不死。后值客、魏二人怒稍解，李成妃被贬为宫女，幸留一命。对明熹宗嫔妃如此，对皇后张氏，客氏也敢下手。得知张皇后怀孕的消息，客氏买通宫女，在张皇后饮食中下麝香等物，造成皇后流产。正因客氏阴毒，明熹宗诸妃嫔有娠，却一个皇子也没能活下来。

明熹宗喜欢当木匠，整日刀锯斧凿不离手，亲自制造家具。每当皇帝工作在兴头上时，魏忠贤就会拿一堆奏折来"请示"。明熹宗十分不耐烦，斥言道："朕知道了，汝辈自己去处理！"皇上开此金口，魏忠贤自然威福自恣，想提谁就提谁，想灭谁就灭谁。

很快魏忠贤开始在外廷培植自己的亲信。天启三年（1623）首引其心腹魏广微为大学士，先在内阁中安插了自己的人。后来，他又相继塞进了冯铨、施凤来等人。这些"魏家阁老"，一直为魏公公卖力。同年，魏忠贤本人又兼掌东厂，控制了禁卫军和情报大权。

天启四年（1624）七月，左副都御史杨涟上疏，参劾魏忠贤二十四大罪。魏忠贤耳目甚众，很快得悉杨涟章奏内容。他非常恐骇，面临着掌柄以来最大的挑战。司礼提督太监王体乾压疏不发，并只挑其中能激怒明熹宗的几条念出，先让皇帝对杨涟生出成见，同时，客氏天天入宫活动，在皇帝耳边大讲魏忠贤忠诚。

明熹宗不怎么在意这种劲疏。听得太多，逆反心理已经养成，他立刻让阁臣魏广微拟旨，切责杨涟。得知魏忠贤正抓紧商量对付自己，杨涟更加愤怒，准备上朝时公开参劾。杨涟所有这些努力，基本上白搭。即使疏奏得达，即使他当着皇帝面历数魏忠贤罪恶，明熹宗也不可能听得进去。

从杨涟奏疏开始，魏忠贤杀心大起。科道诸臣以及朝中大臣，激于意气，文章纷上，一时间不下百余疏，给事中魏大中、陈良训、兵部尚书赵彦、吏部郎中邹维涟、抚宁侯朱同弼等人，先后申奏，或专章，或合奏，无不激切愤慨，指斥魏公公之奸恶。

首辅叶向高三朝老臣，多年官场沉浮，凡事优柔寡断。假使杨涟上疏弹劾魏忠贤二十四大罪时，叶向高以宰辅身份率群臣出头，应有制阉党于死地的力量。但他为避祸，任由阉党发展。见百多大臣纷纷上疏激言，叶向高不得不出来表态，先称赞魏忠贤勤劳有功，希望皇帝解其事权，听归私第，以善保始终。又说如此众多大臣指斥魏公公，我叶向高也受谤连，说不定日后与焦芳同列史传（焦芳乃刘瑾大公公死党）。

得知首辅叶向高如此公开表态，魏公公恼怒，命打手徐大化拟旨，矫诏叙述他本人的"功劳"，洋洋数百言，反驳叶向高。叶向高知道北京再不可留，连忙上疏二十余件，力请求去。

明熹宗给叶向高一个太傅虚衔，派人护归叶向高致仕回家。魏公公同党太监王体乾提议恢复廷杖，威胁大臣。公公们说到做到，一些人上书劾奏魏忠贤，立刻在朝上被廷杖至死。

叶向高即罢，继任的首辅韩爌、朱国祯没干多久皆罢，"居政府者皆小人，清流无所依倚"。魏忠贤的狗腿阁臣魏广微更是自编一册名录，共60多人，以叶向高、杨涟、左光斗等人为首，目为"邪党"，密呈魏忠贤，使得阉党可以按册逐步铲除。同时，他又把附和自己的霍维华、阮大铖等50多人制成名录，目为"正人"，呈献魏忠贤以便相次擢用。其实，魏广微眼中的"邪党"，是真正的"正人"；他眼中的"正人"，才是真正的附阉"邪党"。

与阉党相对是被认作清流的东林党。由于顾宪成、高攀龙等人以"东林书院"为大本营大讲其学，东林党由之成形，最初是一个以科考举业为主的准学术圈子。但因这些人声名显赫，逐渐具有影响明政府朝中官员任命的势力，东林党日益兴盛。而以叶向高为首辅的天启初年内阁，其实可以说是东林党一系人马掌权。正是由于杨涟首疏揭发魏忠贤罪恶，一下子把东林党推到与阉党对决的前线。讨厌和尚憎及袈裟，魏公公自然视东林党人为眼中钉，肉中刺。

这时一个士林败类崔呈秀出场了。为了得到魏忠贤信任，崔呈秀一把鼻涕一把泪，哭着喊着要认魏忠贤为干爹。魏忠贤大喜。经历杨涟等百余号大臣弹劾自己一事件后，他正想在朝臣中拉拢一帮心向自己的人，准备在外廷增加势力。崔呈秀的投靠，正是绝妙时机，故而与魏忠贤一拍即合，当即成为公公不二心腹。

于是，魏公公以皇帝中旨的名义，重新起用崔呈秀为御史，并开始了对朝中异己力量进行大规模的屠杀。

阉党的大理寺丞徐大化率先劾奏杨涟、左光斗"党同伐异"、招权纳贿等。魏忠贤矫诏，先把二人抓起来。很快，汪文言被逮入狱。主审此案的阉党许显纯、田尔耕等人捏造罪名，把御史周宗建、黄尊素等四人削籍。随后阉党工部主事曹钦程出面，劾奏赵南星、高攀龙、黄尊素、魏大中等人收受贿赂。

崔呈秀向魏忠贤呈献《天鉴》《同志》两部名单录，把叶向高列为东林党之首，《同志》列陈宗器等词林部院卿寺等大臣，登名造册，以供阉党抓人有依有据。阉党王绍徽乂献《点将录》，这个目录更是鲜活形象，以《水浒》一百单八将为蓝本，其"首领"为"天罡星"36人，托塔天王李三才、及时雨叶向高、浪子钱谦益、圣手书生文震孟、大刀杨涟、智多星缪昌期等；又有"地煞星"72人，包括神机军帅顾大章、旱地忽律游士任等。

天启五年（1625）秋，杨涟、左光斗、周朝瑞、顾大章等先前劾奏魏忠贤最有力的言官即被逮捕入北镇抚司。阉党许显纯更是阴毒，严刑拷打诸人。杨涟等人坚持不认罪。

许显纯将这些同僚剥去衣服，裸体反接，戴枷受刑。杖打之后，又处以夹刑，日夜拷打，惨毒无比。打了十多天，诸人已经连跪都跪不住，均身荷百余斤大木枷匍匐于地受杖。

20 多天后，首疏魏忠贤二十四大罪的杨涟先被拷打死。死时土囊压身，两只大铁钉贯耳，惨状让人不忍卒睹；紧接着，魏大中被打死，尸体溃烂，筋骨皆碎；接着，左光斗、周朝瑞等人相继被残杀。"辽案"主犯熊廷弼也被押入闹市，公开问斩。根据吴应箕《熹朝忠节死臣列传》统计，死于魏忠贤阉党之手的，最早是被杖死的万燝；汪文言一案左光斗、杨涟等 6 人惨死；阉党李实诬奏致死的有周顺昌、高攀龙、李应升等 7 人；以逆党罪逮入狱中拷打致死的有王元相等 16 人；刘铎之因作诗嘲讽魏忠贤被杀于市；苏继欧等 7 人因得罪阉党被缢死；赵南星在戍所被折磨死。每弄死一个大臣，阉党许显纯就会剔取死者喉骨装入一小盒内，在封识上写清死者姓名，送交魏忠贤验信。

紧接着，阉党疯狂在朝廷进行"大清除"，把不附于己的尚书李宗延、张问达以及侍郎公鼐等 50 多正、副部级官员削逐出廷，朝堂为之一空。

同时，魏忠贤遍植私人党羽于要津。所以，当时的朝廷，实为魏忠贤朝廷，他本人获得明熹宗赐印，文曰"顾命元臣"。客氏也有赐印，文曰"钦赐奉圣夫人"。

明熹宗根本不知外朝之事，终日与客氏、魏忠贤游玩。魏忠贤借助东厂特务机关，肆意横行，破家败户，凡是被他们盯上的，三族九宗，均顿成齑粉。一般官员百姓自不必讲，连宁安长公主儿子李承恩这样的皇亲，由于魏公公贪图他家中御赐器物，便诬其偷盗宫中御物，逮起来弄死，把财物抄收后全部运入自己宅中。

天启六年（1626），锦衣卫去苏州逮捕吏部主事周顺昌时，苏州市民颜佩韦等人率众勇为，打死缇骑特务三人，最后周顺昌以及要救他的颜佩韦等五烈人皆被杀。此类民变也是一个苗头，说明明王朝的统治日薄西山。

魏忠贤一改以前太监上疏自称"奴婢"的称呼，自称"臣"；此时的魏忠贤，已经被宫内宦官们称为"九千岁"，只要是逢他生日，"千岁、千岁、千千岁"之声，轰响若雷，在禁宫中经久回荡。外廷大臣更有无耻者，拜见魏公公时称谀他为"九千九百岁"，比皇帝只差"一百岁"。

为了显示威仪，每次外出，魏忠贤均乘坐华丽异常的羽幢青盖文轩车，四匹如龙骏马拉引，周遭握刀骑卫锦衣卫列侍，加上优伶、百戏、厨传、下人等杂役人等，随从万人左右。

客氏更是当仁不让。每次出行，盛服靓妆，有太监王朝忠等数十人皆腰缠红玉带作前驱，随从甚众。她还常常在禁宫内坐乘马车四处游逛，到乾清宫圣驾休息处也从不下车。为了进一步尊崇魏忠贤，满朝文武和内廷太监，皆不敢直呼其名，只称其为"厂臣"。阁臣以皇帝名义拟票，动辄曰"朕与厂臣"。

人一旦无耻起来，创新的花样也特别多。天启六年（1626）夏，浙江巡抚潘汝桢以感恩的名义，在当地为魏忠贤建"生祠"，即活人纪念馆，地点位于关羽庙和岳飞庙之间。他上疏谀赞魏公公"心勤体国，念切恤民"。由此一米，天下阿谀官员群起效仿，魏公公生祠遍天下，祠坊均属"奉旨"而建，额题都是"广恩""永恩""崇德""崇仁""报恩"一类的上嘉好名。而一祠所费，少则数万，多则数十上百万，均从公库支出，外加刮敛民财。

魏忠贤的个人崇拜发展到极点时，国子监生员陆万龄上疏，提出要以魏忠贤与孔圣人并誉，理由是魏公公"芟除奸党，保全善类"。他还一一比拟：孔子作《春秋》，魏公公作《三朝要典》；孔子诛少正卯，魏公公诛除东林邪党。生员朱之俊更绝，他免去上书走衙门的麻烦，直接在大路上张贴小广告，声称魏忠贤的功劳，"在大禹之下，孟子之上"，应该把魏忠贤像搬入孔庙与孔子并坐。京城读书人都无耻到这个地步，可见阉党对士人的摧残有多剧烈。

所谓乐极生悲，明熹宗因多年痛饮纵欲加上狂吃春药，身子骨日渐不行了。天启七年（1627）秋八月二十二日，明熹宗"驾崩"。时年仅 23 岁。明熹宗死前，曾召异母弟弟朱由检入宫，嘱托后事。人之将死，其言也善。这位荒淫君王衷心希望弟弟能成为"尧舜"一样的明君，并要他好好照顾自己的张皇后，最后切嘱皇弟一定信用魏忠贤。

当时，信王朱由检泪下如雨，连连点头不止。

在熹宗灵前，魏忠贤和客氏两个大恶之人哭得肝肠寸断。此时的悲痛，全无一丝作戏成分。一是因为多年的情分，二是因为他们内心中产生的那种黑色不祥的预感：覆巢之下，焉有完卵。

信王朱由检是明朝最后一位皇帝，即明思宗崇祯皇帝。为试探新帝的意思，魏忠贤上表乞辞官职。新帝乃老成谨慎之人，佯装不许，先稳住魏公公。但是，客氏已经没有在宫中待下去的理由，她灰溜溜地搬出皇宫。

崇祯皇帝继位时年仅 17 岁，处事却非常冷静、机敏。登基后，他不仅没动魏忠贤，还很快颁旨，授魏忠贤的侄子和侄孙以"铁券"，先行稳住魏忠贤。江西巡抚杨邦先等人仍旧上疏申请为魏忠贤建生祠，诏报不许。这似乎是魏忠贤要倒霉的信号。

原本是魏阉党羽的御史杨维垣政治嗅觉十分灵敏，他与表叔徐大化详商后，决定先行参劾崔呈秀，准备以之押宝。如此，阉党倒台，他就会成为首批倒阉党的"功臣"。世事确实可笑，熹帝死后，第一个跳出来与阉党对着干的人，竟然是最早替魏忠贤把忠臣顾大章牵入熊廷弼案中的阉党骨干分子。

崇祯帝顺势，先罢崔呈秀之官。不久，下诏给予首先上奏为魏忠贤建生祠的浙江巡抚潘汝桢以削籍处分。接着，工部主事陆澄源上疏，指出魏忠贤所受恩爵过厚，但未敢显斥。紧跟而至的兵部主事钱元悫不客气，上劾魏忠贤不法，又有浙江贡生钱嘉征上书，详详细细列明魏忠贤十大罪恶："并帝""蔑后""弄兵""无二祖列宗""克剥藩封""无圣""滥爵""邀边功""伤民脂膏""通同关节"等。

魏忠贤得知几个人弹劾他的消息，并不知详情，急忙跑入宫中，跪哭自诉于崇祯皇帝。见昔日威风八面的魏公公如此，崇祯帝心内暗笑，就让他的同党太监王体乾大声朗读钱嘉征奏疏。

魏忠贤跪听，惊骇至极，汗下如雨。面如死灰的魏忠贤出宫回家，绞尽脑汁，想起崇祯帝当王爷时有个宠信太监徐应元是自己昔年乡间的老赌友，便攀住这根"救命稻草"，连夜送无数珍宝于徐公公，表示自己要把东厂太监的职位让与老徐，让他在皇上面前为自己说几句好话。崇祯帝不是熹帝，立刻叱责徐应元受贿为魏忠贤进言，下诏把他谪戍于远地。

十一月，崇祯帝下诏免去魏忠贤东厂太监等要职，不几日，下诏贬魏忠贤凤阳安置，将客氏交浣衣局收押，同时对他们进行抄家。

大公公昔日杀人无数，想到自己很快要到锦衣卫诏狱中的那个活地狱之中，绝望之下，思前想后，魏忠贤自缢于房梁。

首恶除掉，崇祯帝力催吏部、刑部官员协查办案，终于在崇祯二年（1629）公布"逆案"名单，颁示天下：

首逆凌迟者二人：魏忠贤（魏忠贤已死，只能戮尸），客氏。

首逆同谋决不待时者六人：（崔）呈秀及魏良卿，客氏子都督侯国兴，太监李永贞、李朝钦、刘若愚。

交结近侍秋后处决者十九人：刘志选，梁梦环，倪文焕，田吉，刘诏，薛贞，吴淳夫，李夔龙，曹钦程，大理寺正许志吉，顺天府通判孙如冽，国子监生陆万龄，丰城侯李承祚，都督田尔耕、许显纯、崔应元、杨寰、孙云鹤、张体乾。

结交近侍次等充军者十一人：魏广微，周应秋，阎鸣泰，霍维华，徐大化，潘汝祯，李鲁生，杨维垣，张讷，都督郭钦，孝陵卫指挥李之才。

交结近侍又次等论徒三年输赎为民者：大学士顾秉谦、冯铨、张瑞图、来宗道，尚书王绍徽、郭允厚、张我续、曹尔祯、孟绍虞、冯嘉会、李春晔、邵辅忠、吕纯如、徐兆魁、薛风翔、孙杰、杨梦衮、李养德、刘廷元、曹思诚、南京尚书范济世、张朴，总督尚书黄运泰、郭尚友、李从心，巡抚尚书李精白等一百二十九人。

交结近侍减等革职闲住者，黄立极等四十四人。

魏忠贤亲属（可能是姻亲疏属）及内官党附者又五十余人。

魏忠贤逆党定案后，漏网的党羽多次蠢蠢欲动。更可笑的是，崇祯帝派去整理逆党的吏部尚书王永光本人就与阉党是"同志"。他后来与奸臣温体仁多次谋划翻案，均因崇祯帝的坚定态度而未遂。

这位新君对魏忠贤及其同伙极端厌恶，日后有人上章举荐阉党人物霍维华等人重新为官，崇祯帝怒下诏旨，把举荐人谪戍重罚。此后，其党偃旗息鼓，不敢再言。明朝灭亡后，福王朱由崧跑到南京建立小朝廷，漏网阉党阮大铖冒定策之功，援引杨维垣、徐景濂等阉党复起，大肆残害东林党人等异己，钩心斗角，直至南明覆亡乃止。

可怜之人必有可恨之处：

崇祯失国之谜

中国历史上亡国之君无数，或者贪婪昏庸，或者残暴冷酷，要么就是贪图安逸、荒于声色之徒，凡此种种，无不遭人唾弃。然而明朝的崇祯，虽然也是亡国之君，却是一个勤勤恳恳的皇帝。清张廷玉在《明史·流贼传》中这样评价崇祯："呜呼！庄烈非亡国之君，而当亡国之运，又乏救亡之术，徒见其焦劳督乱，孑立于上十有七年。而帷幄不闻良、平之谋，行间未睹李、郭之将，卒致宗社颠覆，徒以身殉，悲夫！"崇祯如此辛劳为国，为何还会亡国？除了客观上明帝国早已腐败不堪外，崇祯本人也要负上很大一部分责任。

　　崇祯皇帝虽然有心把国家治理好，但却不懂用人之术。崇祯一朝，宰辅大臣走马灯似的换个不停，在位 17 年，他换了 50 位内阁大学士（相当于宰相）、14 位兵部尚书。杀死或逼得自杀的督师或总督多达 11 人，杀死巡抚 11人、逼死 1 人。这还都是直接死在他手上的，被他抓进监狱关押、殴打、间接逼死、战死、自杀、判刑的相当于现在省部一级的官员可能多达几十人。崇祯十四年（1641），也就是亡国前三年，被关押在监狱里的具有大臣资格的官员就多达 145 人，这个数字几乎是当时具有大臣资格官员的 1/10。

　　崇祯帝朱由检是明光宗第五子。由于早年丧母，身边没有一个可信赖的家人，他童年所遭受的孤独感、被遗弃感与挫折感，决定了他成人之后那种猜疑、偏执与固执的性格。

继位后，崇祯帝轻而易举地铲除了魏忠贤阉党毒瘤。放松之余，骄矜之气溢满胸膛，他顿觉自己是个天纵英明的帝君。

登基之初，外有关外强敌，内有农民暴动，崇祯急需能征善战的大将。这时辽东的防务主要由袁崇焕主持。崇祯帝对袁崇焕非常信任，命其以兵部尚书兼右副都御史，督帅蓟辽，兼督登莱、天津军务。崇祯元年（1628）八月，袁崇焕入京觐见，在皇帝面前许诺五年之内可恢复全辽境土。崇祯帝闻言大悦。

袁崇焕辞行时向崇祯皇帝表示："以臣之力，制全辽有余，调众口不足。臣一出京城，便成万里，忌能妒功，夫岂无人。即不以权力掣臣肘，亦能以意见乱臣谋。"崇祯帝满口答应，并赐其尚方宝剑。还应袁崇焕所请，将宁远、锦州合为一镇，命祖大寿、赵率教、何可刚等人专受节制，以期克复全辽。崇祯二年（1629）五月，明廷叙功，加袁崇焕太子少保。

袁崇焕任蓟辽督师后，斩除地头蛇毛文龙。崇祯帝闻讯大骇，也忘了自己对袁崇焕的授权，心中开始对这位大帅产生嫌隙。但当时正倚重袁崇焕，崇祯帝只得优旨褒答，认定他杀得好，并下诏宣谕毛文龙罪状。

袁崇焕杀毛文龙仅仅几个月，崇祯帝就中了皇太极"反间计"。毛文龙被杀的三个月后，皇太极率兵，绕过山海关，由蓟镇长城的长安、龙井关、洪山口毁边墙入寇，并攻占遵化、迁安、永平、滦州四城。

后金军忽然出现在北京城外，对北京展开围攻。乍闻后金军逼近京师，明廷骇震，立刻调诸路兵马入京来援。袁崇焕闻讯，有条不紊布置防务，并亲自率兵就难，击退后金兵。见袁崇焕营盘坚固，无隙可乘，皇太极施用"反间计"。恰好营中有两个被俘的明朝太监杨春、王德成在押，他命令汉人降将高鸿中与鲍承先两个人趁黑坐在这两个先前在城郊牧马厂抓获的两个明朝太监被困的营帐外，假装酒醉，放言说城内袁巡抚（袁崇焕）与大金有密议，准备里应外合。夜间，哨兵故意纵两个太监逃脱。这两人一回城，把这件"天大的秘密"讲与皇帝听。刚愎自用的崇祯帝信以为真，很快就派人逮捕了袁崇焕，打入诏狱严刑拷打审问。崇祯三年（1630）八月十六日，刚过中秋，袁崇焕本人被判凌迟，剐于北京闹市，其兄弟妻子长流三千里，抄其家产归公。袁崇焕一案，天下冤之。但无知的北京市民信以为真，恨极了这位引狼入室的袁巡抚，纷纷上前高声责骂，甚至出钱买肉生食这位耿耿精忠的烈士身上之肉。千刀万剐，明朝就是这样对待能干的大忠臣。

可悲的是，崇祯帝至死不知中了皇太极反间计。崇祯帝把大臣翻了个遍，深感朝中无干事能臣，结果重用了只会纸上谈兵的杨嗣昌。杨嗣昌，字文弱，武陵人（今湖南常德），万历三十八年（1610）进士。崇祯七年（1634），杨嗣昌任宣大总督，由于自诩知兵，他向崇祯帝上奏不少条陈，有一些确实管用，比如官方开矿招工以瓦解私矿矿徒造反等等。由于其父杨鹤病死，杨嗣昌丁忧在家。丁父忧刚要满期，其母又死。这时，崇祯帝见兵部尚书一职空缺，就诏起杨嗣昌"夺情"视事。面对当时"贼"满天下的局面以及后金虎视眈眈的威胁，杨嗣昌提出"攘外必先安内"的策略。对于剿杀农民军的策略，他"以陕西、河南、湖广、江北为四正，四巡抚分剿而专防；以延绥、山西、山东、江南、江西、四川为六隅，六巡抚分防而协剿"，由此构筑成"十面之网"。

要实现"十面之网"打大仗，必然要有钱，因为"十面之网"需要增兵十余万。有兵，就要有饷，然而，饷银哪里来？崇祯皇帝已经明确告诉他："内帑空虚，大内无钱。"杨嗣昌病急乱投医，加重百姓赋税，结果把更多良民推上起义的不归路。

杨嗣昌柄权以来,丧师丢地,言官为此上章弹劾,崇祯皇帝刚愎自用,认为是他本人亲自擢用杨嗣昌,听不得异议,贬逐上书言官。同时,他对这位书生臣子宠眷不衰,让他负责评议"文武诸臣失事罪",追究清兵入口以来各地守官的责任。杨嗣昌十分卖力,详细列出五等罪:守边失机、残破城邑、失陷藩封、失亡主帅、纵敌出塞,按罪抓人,大兴刑狱,共杀包括巡抚、总兵、总监在内的官员 36 名,而他这位最重要的廷中指挥者,则没有任何责任。一时间朝野哗然。

崇祯帝继位以来,便遇上百年不见的自然灾害。坏运气,是每个王朝灭亡不可忽视的重要因素之一。崇祯二年(1629),陕北突遭大旱。十余年间,陕西、山西、河南、河北、江苏、山东,无年不旱。倒霉的是,大旱相继,蝗灾与瘟疫接踵而至,赤地千里,十河九干。由于乏食,最终出现了"人吃人"的惨剧。

天灾人祸,小民无生路可寻,加之官员贪污,苛捐杂税,横征暴敛,只能走一条路:造反!明朝发展到晚期,土地高度集中,宗室、勋戚、官绅地主对土地的兼并愈演愈烈,贫者益贫,富者益富,社会的两极分化达至惊人地步。而自嘉靖帝开始"竭天下之财以奉一人",万历帝变本加厉,明熹宗有样学样,明朝财政濒临破产,只得通过不断加派赋税来榨取民财。各级官吏巧取豪夺,竭泽而渔。由于农民纷纷抛荒逃散,造成水利失修,河患日甚,恶性循环下,天灾人祸不绝。

明末农民暴动,规模最大的是张献忠和李自成部。张献忠本人是延安卫人,年轻时曾在衙门或军门里混过,是个有不少入世经验的老道人。由于在与官军作战中勇敢能杀,他自己很快有了一支武装,自号"西营八大王"。李自成,米脂人,小名黄娃子,成年后到本县川驿(银川驿)充当驿卒。由于裁减驿卒,李自成列在被裁人员之中,无奈之下,他参加了农民军。

李自成登高一呼，饥民齐集，一天就得千把人，转掠四方。由于在政府部门做过事，他很会组织安排，往来奔窜，自号为"闯将"。

饥民四处造反，府县官员们都是一样，大事化小，小事化了，总是上报说是"饥民"饿极了惹事，认为到转年春天有活干有粮食有指望时，事情会自动平息。可巧老天弄人，陕西等地连年干旱，饥荒越闹越大，造反者越来越多。

由于刚刚经历了皇太极破边入口杀至京城脚下的危机，各地抽调了不少精锐部队抵至京畿地区。杨鹤眼见陕西各处农民军规模庞大，主张以招抚为主，提出要实实在在解决饥民的吃饭问题，使饥民解散，由政府发给耕牛农具，让农民规规矩矩种田当顺民。这种安抚策略虽然花钱多，但效果大，农民各安其业，不再会复出为盗。农民耕田有收成，生产恢复，政府可从赋税中回收银两，良性循环，应该可以解决问题。

崇祯皇帝觉得有理，发诏照准。由于当时不少农民军已经窜入山西境内，陕西只有"神一魁"势力最大。听说官家招安，自己能当官，神一魁率着六七万人就到了宁州，正式投降，被杨鹤授予守备一职（上校团长）。入伙的饥民纷纷领取"印票"（回乡证），领银了后各自回家。由于明政府只拨10万两白银赈济，杯水车薪，仍旧有大多数农民穷饿至极，这些人自然也不愿意就这样回乡等着饿死，摇摆不定。

在此种情况下，朝内"主剿派"群攻杨鹤一方的"主抚派"，指斥他浪费了大笔国帑。崇祯帝是个急性子，见花了银子不见成效，大怒之下罢去杨鹤官职，重新确定剿杀方针。

杀剿之下，稍稍平息的民乱趁势又起。这时，胆识过人的洪承畴被委任为总督，陕西叛乱相继被镇压，洪总督爱使招降和收买的手段，明军斩获数万人，陕西境内基本看不见大股农民军。

野火烧不尽，春风吹又生。农民军不是被杀光了，而是不少人遁至山西，在那里轰轰烈烈干了起来。明廷便下令给临洮总兵曹文诏，让他带统陕西、山西诸将，去山西剿贼。曹文诏手下兵不多，只有近 4000 人，立刻从甘肃庆阳开拔，经潼关，过黄河，率先击杀蒲州、河津一带的农民军。

大部农民军在明军的围追堵截下，误入汉中栈道险地车厢峡。由于两个多月的阴雨天气，农民军弩解刀锈，衣甲多日不干，缺粮少食，几乎丧失基本战斗力。如果明军趁势进攻，这几万人只有等着挨打的份儿。情急之下，李自成、张献忠等人齐集商议，各自拿出先前抢掠的金宝，运了几十匹骡马，送入陈奇瑜营中遍贿明军上下军官。在左右力保下，陈奇瑜答应安抚招降，准备接受农民军的"投降"。

由于朝中兵部尚书张凤翼也主抚，崇祯皇帝信之，下诏招安。不料农民军在统一布置下忽然翻脸，声势更大。

崇祯九年（1636）夏末，在孙传庭、洪承畴二部明军的围堵下，"闯王"高迎祥在周至被生俘。

屋漏偏逢连阴雨，崇祯四年（1631），皇太极亲自率 6 万大军自沈阳出发，于八月六日突然包围了大凌河城。大凌河之战，明军精锐数万被歼，大量先进火器丧失，损失不可谓不大。最重要的是，皇太极粉碎了明军步步为营东进的战略，迫使明朝往后退缩。

崇祯六年（1633）初被袁崇焕杀掉的毛文龙原先的部将孔有德、耿仲明（三人均为辽东人）在登州叛变，乘船率万余兵士及家属在镇江向后金投降。

崇祯七年（1634），皇太极发兵二次入关打击明朝，总共进行三个多月，在宣府、大同一带大肆杀劫，掳抢百姓、牲畜不计其数，洋洋而去。

崇祯九年，皇太极改国号"大金"为"大清"，年号由"天聪"改为"崇德"。

崇祯十一年（1638）秋八月，极擅用兵的皇太极自己统领一军在大凌河一带作出大举进攻状，把不少明军牵制在自己附近。同时，清军真正入侵的主力在豪格、岳托以及多尔衮的率领下，分成数队，远攻明朝内地。

清军大掠河北后，呼啸奔驰至山东，四处杀掠，并攻陷坚城济南，生俘明朝宗室德王朱由枢。这还不算，清军在济南展开大屠杀，近16万人被杀，整个城市被抢空。

大约在崇祯十三年（1640），张存仁献"三策"攻明：上策是直捣北京，割据河北；中策是直取山海关，切断北京与宁锦之间的"咽喉"；下策是屯兵广宁，稳步夺取宁锦土地。此时，由于蒙古察哈尔的林丹汗也被清军击败，漠南蒙古尽属于己，皇太极更无后顾之忧。

此后，崇祯十五年（1642）深秋，松锦大战后清军又攻掠了山东一次，杀掉鲁王朱以派（被俘自杀）。清军转战八月有多，俘汉民近40万，掠财物无数。

福无双至，祸不单行。当农民起义的洪水将朱明王朝摧垮，大明皇族宗室正处于奄奄一息之时，清军铁骑又破关而入，向凤阳朱氏猛扑过来。

顺治元年（1644）三月十九日，北京失陷，崇祯帝朱由检殉国自杀。

无可奈何花落去：

明皇族最后结局之谜

入清之后，明宗室最知名的人物应该是八大山人。八大山人不是八个人，而是朱耷（1626~1705）的名号。朱耷，字雪个，号八大山人等，江西南昌人。他是朱元璋第十七子宁献王朱权的后代，明朝宗室。明亡时年19岁，次年丧父。政治变幻，家道中落，使他的人生道路发生了巨大变化，他愤世嫉俗，废弃了自己的姓名，出家当了和尚。他装聋作哑，入僧入道，也没有躲过清廷的耳目。临川县令胡亦堂请他去做客，把他软禁了一年多。他装疯，又是仰天大笑，又是整日痛哭，毁书撕衣，才又回到寺院。他出入市镇，装疯卖傻，时而狂笑，时而痛哭，时而高歌，时而癫舞，一日之间，癫态百出。他一方面佯作狂态，倾吐胸中悲愤，一方面藉诗书画，发泄内心积郁。白日癫狂于市，夜晚，于僧舍灯下，创作出了饱含血与泪的诗与书画。清代著名画家郑板桥评价八大山人的画作："墨点不多泪点多，山河仍为旧山河。"不论如何，八大山人为后人留下了不朽的艺术作品，而其他的宗室亲王，徒留亡国的教训。"旧时王谢堂前燕，飞入寻常百姓家。"崇祯死后，明宗室亲贵的结局又如何呢？

明朝灭亡之后，宗室福王朱常洵世子朱由崧与潞亲王朱常淓、周王世孙朱某、崇亲王朱某一同避乱南逃，自河南卫辉逃往淮安。四月，凤阳总兵马士英等迎朱由崧至南京。五月四日，福王世子朱由崧在南京称监国。五月十五日，朱由崧在南京称帝，改元为弘光元年，建置百官，领导抗清斗争。这便是明宗室建立的第一个反清政权——南明福王政权。

此时，"诸贤响应，野无留隐，拭目太平"。但是，这位受命于危难之际的弘光皇帝，却是个昏庸无能、沉湎于酒色的昏君。他在位时，宠信奸臣马士英，排斥史可法、高弘国等人，结果政治腐败，中兴无望，仅能在南京凭借长江天险苟延残喘一时而已。清顺治二年（1645）五月，清兵渡江南下，南京沦陷，南明弘光帝朱由崧逃到安徽芜湖被俘，不久被杀害于北京。潞王朱常淓在杭州投降清兵。至此，弘光抗清斗争失败。

南京沦陷之后不久，又有宗室唐亲王朱聿键在福州、鲁亲王朱以海在台湾分别建立政权，继续领导反清斗争。

唐亲工朱聿键（1602~1646），是明太祖朱元璋的九世孙，原封南阳。顺治二年五月南京沦陷后，他在南逃时被总兵郑鸿逵、南安伯郑芝龙、礼部尚书黄道周等拥立于福州。初于闰六月七日称监国，二十七日称帝，改年号隆武，改福州为天兴府，领导抗清。但因隆武政权由郑芝龙独裁，拒不发兵给饷，导致多次北伐计划流产，复兴反清无成。顺治三年（1646）正月，黄道周出兵江西，兵败殉国。二月，朱聿键亲征至建宁。不久，清兵越仙霞岭长驱直入福建，朱聿键在福建汀州被俘，八月在福州被杀殉国。福建沦陷，南明隆武政权灭亡。

顺治三年十一月十八日，朱由榔称帝，改元永历，成为西南最主要的南明反清力量。朱由榔（1623~1662），是明神宗之孙，桂王朱常瀛的第五子，初封永明郡王，公元1646年称帝，世称永历皇帝。永历政权建立后，虽被清军追击，不得不从肇庆不断后退至全州、武冈、南宁、安龙、云南，但仍依靠何腾蛟部农民军和瞿式耜、丁魁时、孙可望等抗清将领，奋战西南，一度抵住了清兵，使政局趋于稳定。后来，朝内派系林立，争斗不休，削弱了斗争力量，致使局势再度危急。南明永历十一年（1657），孙可望降清，云贵虚实尽泄。1658 年，清军三路大军入攻，云贵沦陷，永历帝朱由榔在将军李定国保护下逃到缅甸。永历十八年（1664），朱由榔被缅甸人俘虏移送给平西王吴三桂，不久被吴三桂杀害于昆明，吉王、松滋王等宗室死于缅甸，"诸扈从宗室无一存者"。至此，南明永历政权灭亡，大陆的反清复明斗争接近尾声。

与南明永历王朝相呼应，另一支宗室韩王朱本铉则在鄂西山区建立南明定武政权，坚持抗清达 18 年之久。韩王朱本铉，是明太祖第十九子韩宪王朱松之后，公元 1643 年，李自成攻陷陕西平凉，他被俘，后逃脱。明朝灭亡，他逃亡到鄂西山区。顺治三年（1646），福建的唐藩南明隆武政权失败后，他被刘体纯、袁宗弟、王光兴、谭文等农民军余部将领拥立，在川鄂山区建立政权，改元定武，领导反清斗争。不久张献忠余部郝摇旗、李自成余部李来亨等先后来会，号称"夔东十三家"。他们以巫、兴、房、竹一带为根据地，屯耕山区，自给衣食，训练队伍，联络南明永历政权，顽强抗击清朝，多次击败清军的围剿，坚持斗争达 18 年。直到康熙三年（1664），在清军数十万大兵的围剿下，终因势单力薄，川鄂山区沦陷，郝、刘、李等先后战死，南明定武皇帝朱本铉殉国，内地坚持最长久的反清政权灭亡。

在宗室皇族的抗清斗争中，另一支以鲁王朱以海为首的力量，则在郑成功支持下转战东南沿海，最后坚守台湾十余年，与大陆的抗清斗争相呼应。朱以海（1618~1662），是明太祖朱元璋的十世孙。公元1644 年他继任鲁亲王不久，明朝灭亡，鲁藩所在地兖州随即于四月沦陷于清兵，他南逃到浙西，率部驻在台州（今浙江临海）。顺治二年（1645）五月，南京失陷。六月，朱以海在儒生郑遵谦，大学士朱大典，明将张国维、方逢年，总兵方国安的拥护下，自台州来到绍兴，号称监国，建官封将，领导抗清斗争。但因初期鲁王一派与福建的唐王政权互争正统，自相残杀，结果清兵大军压境。

顺治三年（1646），绍兴、杭州、义乌、金华等城相继失守，鲁监国义军损失惨重，宗室乐安郡王、楚亲王、晋平郡王均在金华殉国。浙江失陷后，朱以海在定西侯张名振的护卫下逃亡海上，后转辗于浙江福建海上，最后驻守舟山群岛，并一度收复福建建宁、邵武、兴化3州及漳浦、海澄等27县。顺治八年（1651）舟山也失守，朱以海逃往金门，投靠郑成功。顺治十年（1653），朱以海取消了监国称号。他在海上与郑成功联合各部义军，坚持抗清十多年，直到康熙元年（1662）九月十七日在金门去世。他的王妃陈氏与遗腹子朱弘桓等则在辽藩宁靖王朱术桂保护下渡海到台湾，投奔郑氏政权。直到康熙二十二年（1683）清收复台湾，明朝皇族的抗清斗争才彻底终结。

当年，明太祖确立封藩祖制，希望以此捍卫朱家天下。但是，这些四体不勤、五谷不分的皇子王孙们，长期养尊处优之后，变得柔弱无能。庞大的明朝皇族——凤阳朱氏数十万成员，大部分在第一场劫难中被农民军屠杀，另一部分又在抗清保国的战争中殉国了。除了这两部分外，在这场空前浩劫中侥幸逃生的皇族成员，又开始了更加艰难的生活。

据历史记载，在明清鼎革之际，有一部分皇族成员，如皇太子朱慈烺、明崇祯朱由检三子定王朱慈炯、四子永王朱慈炤，秦王朱存枢、晋王朱求桂、代王朱传㸅，先被李自成农民军俘虏至北京。清军攻陷北京后，这部分被俘皇族在兵荒马乱中失踪，生死不知，下落不明，成了历史疑案。

为了躲避清朝的迫害，一部分皇族成员在国破家亡之后，纷纷隐姓埋名，或窜伏山林，或辗转流徙，开始了艰难的逃亡生活。如出自宁藩的宗室八大山人，在明亡后，便自动放弃了朱姓，后来干脆出家当了和尚，只是把明朝灭亡的日期，偷偷地组成花押签在他的画里，以志不忘自己是大明子孙。

周藩分支安昌郡王朱肃渣，在安昌沦陷后，逃往浙东，投奔鲁监国以海。舟山失败，他战死，其子安昌长子朱某年幼，被母妃携带逃出，后为躲避清廷迫害，来到杭州杭净寺，出家拜豁堂和尚为师，做了和尚，后来到松江一个荒野破庵中偷生。母妃临死时将王印交给儿子，庵中僧人走漏了消息，结果安昌王长子被官府抓捕处死，同庵僧人受牵连而死者数百人。

而在广东梅县地区也流传着一个传说，说是北京沦陷后下落不明的太子朱慈烺，其实与翰林院编修充东宫讲读的嘉应人李七淳一起潜回了李的家乡梅县。后为躲避清廷，太子也削发为僧，并在梅州阴那半山中人迹罕到之处，建了一座庙，名叫"紫殿"，又叫"圣寿寺"，后便老死在此深山中。死后，他被当地人尊为"太子菩萨"。《清稗类钞·姓名类》记载，明亡后，"天潢贵胄，转徙流亡，无不改姓自晦"。《罪惟录·楚昭王桢传》也记载，楚藩分支祁阳王朱某，在明末楚藩沦陷后逃到福建。后福建沦陷，他与一个叫严炜的书生一起"更姓名入瑶中自保"。因此，今瑶族中，也应有明皇族的血统。

《罪惟录》还记载，有某支宗室出生的诸生，明亡后绝望出家，初在无锡太子庵做和尚，后人又在界灯寺做住持，法号个纳，能诗会画，在当时颇有名气，但从不与人讲起旧时故事。

还有一部分明朝宗室成员，则被迫投降了清朝，接受满人的统治，以使家族免遭绝嗣断代之劫。前期投降清朝的有潞藩王朱常淓，其后裔不明。最后也是最大一批投降清朝的是逃到台湾的那一批。当年国姓爷郑成功父子收复台湾后，优礼宗室，所以公元1661~1663年间，有大批宗室成员渡海来到台湾。如1663年，辽藩王长阳郡王之子宁靖王朱术桂，保护鲁监国朱以海妃陈氏及遗腹子朱弘桓东渡至台湾。此间来台湾避难的还有泸溪郡王朱慈熺、泸溪郡府将军朱慈某、奉新郡府将军朱慈炉、奉南郡王朱和睦、益王朱怡镐、舒成郡王朱慈熺、乐安郡王朱义浚、巴东郡王朱尊煉。这些宗室皇子王孙们受到郑氏父子礼遇，在台湾留居几十年。但到康熙二十二年（1683），清朝施琅攻陷台湾，郑氏政权降清，逃到这里的明朝宗室大都被俘，被迫投降，接受清统治。据说当年施琅来到台湾，立即收缴这些皇族宗室的谱牒和印信。清至此一统全国，大局稳固，便假示宽仁，没有再杀害这批明朝宗室遗民，而是将他们强迫内迁大陆，安置于山东、河南、浙江等郡县。这部分明朝宗室后裔因此能够保存下来。

在台湾失陷时，宁靖王朱术桂不忍做亡国奴，上吊自杀殉国。他没生子，以比他低一辈的益王朱怡镐之子为嗣，取名朱俨珍，当年才7岁。据史书记载，这位朱俨珍被强迁回到大陆后，于公元1693年被清朝安置在河南开封府杞县，后裔遂居于此。

又据资料表明，宁藩的一部分宗室后裔，明亡后仍留居江西，直到今天，仍是江西朱氏中的重要一支。这支家族在清末民国时还续修了《江西八支朱氏宗谱》，至今仍保存在江西省博物馆。另湖北沔阳一带，今天也有明朝宗室后裔存在。

每当朝代鼎革时，新建的王朝总要铲除前朝皇族。清王朝也一样，所以清初对明皇族宗室实行血腥的屠杀政策。这给凤阳朱氏带来了比明末农民起义更残酷、更可怕的灾难。直到康熙时期（1662~1722），情况才稍有变化。

康熙七年（1668），皇帝才下了这样一道圣旨："诏故明宗室子孙众多，有窜伏山林者，令悉归田里；有改姓埋名者，姓氏皆复旧。"康熙二十三年（1684）、三十八年（1699），康熙南巡时，又两次到南京拜祭明开国皇帝朱元璋明孝陵，并下令求访明朝宗室后裔，使奉守朱氏世祀。但因无法访察，没有结果。再到雍正二年（1724），清世宗胤禛正式访查出明宗室后裔朱之琏，封为一等侯，入正白旗令世袭，以奉明孝陵的春秋祀事（这样，明皇族后裔又有一支加入清朝）。至此，明宗室后裔才结束逃亡生活，恢复了普通平民的身份。

史称明王朝一代近 300 年间，"宗姓实繁，贤愚杂出"。

参考书目

1. 白寿彝. 中国通史. 第 15~16 册. 上海：上海人民出版社, 1989.

2. [明] 谷英泰. 明史纪事本末.

3. [清] 张廷玉. 明史.

4. 吴晗. 朱元璋传. 北京：人民出版社, 2000.

5. 樊树志. 万历传. 北京：人民出版社, 1993.

6. 朱东润. 张居正大传. 武汉：湖北人民出版社, 1981.

7. 韦庆远. 张居正和明代中后期政局. 广州：广东高等教育出版社, 1999.

8. 黄仁宇. 万历十五年. 上海：上海三联书店, 2006.

9. 丁易. 明代特务政治. 北京：中华书局, 2006.

10. 温功义. 明代宦官与三案. 重庆：重庆出版社, 2006.

11. 陈宝良. 飘摇的传统：明代城市生活长卷. 长沙：湖南人民出版社, 2006.